ジェンダーについて大学生が真剣に考えてみた

——あなたがあなたらしくいられるための29問

佐藤文香・監修

一橋大学社会学部
佐藤文香ゼミ生一同・著

明石書店

イラスト・いしいひろゆき

装幀・北尾崇（HON DESIGN）

はじめに――
ジェンダーってなに？

「女の子なんだからちゃんと家のお手伝いをするのよ」、「男の子なんだから泣いちゃダメ」――みなさんはこんなことをいわれたり、耳にしたりした経験はありませんか？　ある性別を特定の役割に結びつけたり、男／女だから○○すべきと考えたり、ある行動の原因をその人の性別に求めたりするような考え方を指す言葉として「ジェンダー」という概念があります。

ジェンダーは自然なもので生まれつき決まっていることだと思われがちですが、社会や文化、時代の変化に影響され、変容してきました。わたしたちはみなそれぞれの個性をもっているのに、男女というおおざっぱな2つにふりわけられ、役割や行動に制約を受けがちです。しかし、自分がなにに縛られて生きているのかを理解することで、これまで感じてきた「生きづらさ」を解消する道を探ることができるようになります。

ジェンダーにかんする疑問は身近なところから浮かびあがってくるものです。読者のみなさんも日々の生活のなかでふと疑問に思うことがあったり、メディアやSNSなどの議論をみて、共感したり反感を覚えたりしたことがあるのではないでしょうか。わたしたちも、大学生活を過ごすなかで友人や家族から疑問を投げかけられたり、議論をしたりする経験を数多くしてきました。ジェンダーについての関心が高まっていることをうれしく思う一方で、ゼミで学んだことをうまく伝えきれず悔しい思いをしたり、自分自身の理解不足に改めて気がついたりすることもありました。そして、普段のゼミで行われている議論と世間の議論にギャップを感じ、ジェンダー研究の成果をもっと広く知ってもらいたいと強く思うようになりました。わたしたちゼミ生の多くの葛藤や歯がゆさ、希望や願いから生まれたのがこの本です。

この本に収録された29の質問は実際にわたしたちが投げかけられてきた問いです。回答は三部構成になっており、「ホップ」は「ジェンダーって聞いたこともない」という初心者向け、「ステップ」はジェンダーの授業でおよその知識はもっているという中級者向け、そして「ジャンプ」はジェンダー研究の最新動向もおおむね理解している上級者向けという設定です。それぞれの回答においては、「大学生の視点」で答えることを心がけました。専門家が書いた難しい本はたくさんありますが、社会に生きる一般人であり、かつ研究にもほんの少し携わりはじめた大学生という立場をいかしたつもりです。ジャンプの議論はときに複雑でわかりにくいこともあるでしょうが、そのときはステップまで、あるいはホップだけでも読み進めていただければと思います。また、特に順番にはこだわっていませんので、目次をみて好きなトピックから読みすすめることもできます。

ここでわたしたちが示した回答は、もちろん、唯一の正解ではありえず、ジェンダーをめぐるさまざまな問題についてみなさんとともに考えることをめざしています。ジェンダーにまつわる制約から解き放たれて自分らしく生きていくために、あなたも一緒に考えてみませんか?

執筆者を代表して　前之園和喜・児玉谷レミ

contents

第四章 めざしているのは逆差別？ 121

第五章

性暴力についてもっと考えたい！

第一章

これってどうなの？素朴な疑問

「これってどうなの？」
——日常生活を送るなかでふと頭をよぎる素朴な疑問。
「主婦になるのってダメなのかな？」、「女子校ってなんであるんだろう？」などなど、
ジェンダーについてたくさん疑問に思うことがあるでしょう。
この章では、大学生であるわたしたちにとって
「これってどうなの？」と思える身近な疑問をとりあげ、
普段あまり考えることがないような視点から答えを模索してみました。
「自然」とされていること、無条件に存在する「前提」を、一緒に考え直してみませんか？

01.

男女平等をめざす世の中で女子校の意義ってなに？

HOP

共学校では意図せずともセクシズム（性差別や性別役割意識）が生みだされがちなので、現状では女子校に一定の意義があると考えられます。また、男性がいない環境で女性の自立心を育てるねらいもあります。

STEP

女子校の意義は数多くありますが、ここでは共学と比較して３つの意義を紹介したいと思います。ただし、ここでわたしたちが、別学／共学のどちらがよいという主張をしたいわけではありません。

１つめの意義は、女子校が共学校と比べセクシズムを経験しにくいという点です。共学校でセクシズムが再生産されていることは教育社会学の分野などで指摘されていま

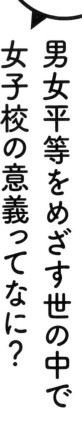

01. 男女平等をめざす世の中で女子校の意義ってなに？

す。共学出身の方は「学校で性差別なんて受けたことがない」と反論したくなるかもしれませんね。ここでいう「セクシズム」には、はっきりとした性差別としては表に出てこない「隠れたカリキュラム」が含まれます。

「隠れたカリキュラム」とは「家庭科の授業を女子だけ、技術の授業を男子だけが受ける」といったわかりやすいジェンダー別のカリキュラムとはちがい、性別役割意識を無意識に再生産するようなものをいいます。たとえば「番号順に並ぶとき男子が前で女子が後ろ」、「グループでリーダーになるのは男子で、女子はサブリーダーなど補佐になる」などです。これらは一見すると些細なことに思えるかもしれません。しかし義務教育の9年間、高校まで含めれば12年間をこのような環境で過ごすと、自分の内面に「男子は女子の前や上にいるもの」という意識が知らず知らずのうちに形成されていくのです。ためしに男女の順番が逆になった名簿や、あらゆるグループのリーダーが女子になっている学校生活を想像してみてください。もしそれに違和感を抱いたとしたら、あなたは性別役割意識を「自然なもの」と考えている可能性があるでしょう。「隠れたカリキュラム」とはこのように大きな影響力をもっているのです。一方、女子校は、生徒が女性だけで構成されているために学内のあらゆる役割を女性が担う環境となります。女子校が共学校に比べてセクシズムを経験しにくいというのはこのような意味においてです。

2つめは、女子校ではジェンダー・トラックが形成されにくいという点です。進路選択のさい、男子は成績や本人の希望にそって進路を決定するのに、女子は地理的制約、家族の意向、性役割への配慮といった、成績以外の要素が影響を与えることが多く、これをジェンダー・トラックといいます。たとえば、現在日本では理系に進む女子が少ないとされていますが、これは本人が理系に進みたいと思っていても「女子に理系は無理だ」、「理系の大学なんて近くにないのだからやめた方がいい」、「研究者になるよりも結婚した方が幸せ」などといった制約を受けていることが関係しています。女子校では性別を理由とした進路選択にたいする制約が共学校よりも少なく、女子の成績や意志を尊重した進路選択が可能になるといえるでしょう。

3つめはトランスジェンダー女性が安心して学べる環境を提示することができるという点です。日本では、お茶の水女子大学が二〇二〇年度からトランスジェンダー女性を学部、大学院入学者として受け入れると発表しました。トランスジェンダーの学生の多くは共学校で生活するなかでさまざまな困難に直面しています。たとえばMtF（男性から女性へのトランスジェンダー）の学生が「女性」として学内における人間関係を築いているとしましょう。トイレなどの施設や大学のメールに記載される名前などで「あなたは男性です」と突きつけられる経験は、この学生にとって自身の性自認を否定されたようなものとして感じられることでしょう。大学という機関がトランスジェンダーの学生を明示的に受け入れると表明することは、このような苦しみを和らげ、安心して学べる環境を提供するという点で意義あるものと考えることができ、女子大は現状でこうした使命を果たしうる数少ない組織です。

もちろん、男女別学がすべて共学より勝っているというわけではありません。女子校にも当然問題点はあるでしょう。

ステップで、女子校はセクシズムを経験しにくい環境であると述べましたが、逆にセクシズムを強化してしまう場合もありえます。たとえば、学校がその設立の歴史から「良妻賢母」を育てることをうたっているような場合です。このような学校では裁縫・料理などがカリキュラムに組みこまれ、生徒は良妻賢母として家庭に入ることを当然のものとして教えられていきます。このような場合には、生徒たちが良妻賢母以外の選択肢を選べない、あるいは選ばないことによって、性別役割が再生産されてゆくでしょう。

また、いわゆる名門女子校の存在が階級差を反映し、女子内部の分断を引き起こしてしまうという問題もあります。フェミニズム・ジェンダー研究においては、女性の成功の形は、経済的成功と社会的成功の２つを手に入れることと、経済的成功と社会的成功を手に入れた男性と結婚することで成功を手に入れることの２つのパターンがあることが指摘されています。この２つのうちのどちらをめざすのかには、明確な学校差があることが明らかにされています（中西 1998）。女子校は本来、男性が優遇されていた時代に教育の機会均等を目的として整備されたものですが、「エリート型」をめざす学校と「良妻賢母型」をめざす学校の２つに分かれることによって、将来的に経済的に恵まれる女性と男性に依存する女性に分化していきます。さらに、どちらの成功の型をめざすべきかという考え方は親から子に影響しており、世代を超えてジェンダー規範を温存してしまうという可能性もあります。

さらに、男女別学を是とする主張のなかでも「男女は脳のつくりが違うのだから、男女別学の方が教育に向いている」といった議論には注意が必要です。たしかに、さまざまなテストである程度の性差が認められることはありますが、それが先天的なものなのか後天的なものなのか、不変的なのか可変的なのかということは、現在の研究では判断できていません。さらに、脳の性差研究には、相反する結果や未知の領域も存在しており、脳の構造・機能・顕在化する能力の違いの３つを結ぶ説明はほとんど確立されていないのです（木村・小玉 2005）。このことから、男女の成績の違いを「脳の性差」といった本質主義的な生物学的差異に求めることはきわめて短絡的であるといえるでしょう。そして、これを男女別学の根拠にしてしまうことは、生徒の潜在的な学力の開花を妨げる恐れすらあるのです。

別学／共学をめぐる論争は現在進行中で、いまだ決着がついていません。重要なことは、本人が望む教育を受けられることであり、それが共学であるか別学であるかは最優先事項ではないといえるでしょう。わたしたちは、教育の場において個人の成績や意志にそった進路選択の機会を提供することこそ、学校が果たす役割であると考えます。（平松）

参考文献
▼木村涼子・小玉亮子『教育／家族をジェンダーで語れば』白澤社、二〇〇五年
▼中西祐子『ジェンダー・トラック――青年期女性の進路形成と教育組織の社会学』東洋館出版社、一九九八年

02.

「○○男子／○○女子」って言い方したらダメ？

HOP

「○○男子／女子」って世間ではよく使われますよね。こうした言葉が直接性差別を意図しているわけではないでしょう。しかし、言葉の意味や背景を考えてみると、こうした呼称の問題点がみえてきます。

STEP

誰かを「○○男子／女子」と呼ぶときに、どのような文脈で、どのような目的をもってその言葉が使われているのかを考えてみましょう。たとえば、「草食系男子」、「スイーツ女子」、「スイーツ男子」、「弁当男子」などがありますね。こうした言葉には、新しさやものめずらしさといった意味あいも多く含まれているといえるでしょう。

02. 「○○男子／○○女子」って言い方したらダメ？

しかし、これらの言葉が、対象となる人びとをからかう意図をもって使われる場合もしばしばあるのではないでしょうか。たとえば、「スイーツ女子」について考えてみましょう。「スイーツ男子」という言葉もよく耳にしますが、これらの呼び方はそれぞれ異なった意味をもっているようです。「スイーツ男子」という場合、一般的に甘いものが好きな人には女性が多いという考え方があり、甘いものが好きな男性はめずらしいとの理由から「スイーツ男子」と呼ばれているようです（女性に男性より甘いものが好きな人が実際に多いかどうかはわかりませんが）。一方、「スイーツ女子」という場合には、「お菓子やケーキといえばいいのにあえて『スイーツ』と呼んでオシャレな様子を装う女性たち（笑）」、「流行に流され、自分はイケてるという感じを出してくる女性たち」など、からかいや冷笑の意味あいをもって用いられている様子がうかがえます。「スイーツ女子」には「スイーツ男子」にはない、皮肉や揶揄の意図が読みとれるのです。このように、その呼称が用いられる意図を考えてみると、「○○男子／女子」という言葉の使い方には注意が必要であるといえそうです。

次に、「○○男子／女子」をジェンダー・ステレオタイプの観点から考えてみましょう。「弁当男子」という言葉があるのに「弁当女子」という言葉がないことには、男子が弁当をつくるのはめずらしいけれど、女子がつくるのは当たり前というジェンダー・ステレオタイプがあります。弁当づくりを含む料理を女性の役割とするような性別役割分業にかかわる規範が働いているのです。こう考えると「〇〇男子／女子」という言い方には、ジェンダー・ステレオタイプを反復し、既存の「男／女らしさ」を強化する可能性があるといえるのです。「〇〇男子／女子」という呼称は、性別にかんする規範を前提にしており、それらを強化、再生産する働きがあるため、わたしたちはその使い方に慎重であるべきと考えます。

JUMP

ステップでは、「〇〇男子／女子」という呼称がジェンダー・ステレオタイプを強化・再生産する可能性があることを述べましたが、より複雑な例として「リケジョ（理系女子）」という呼称について考えてみましょう。この「リケジョ」という言葉には「理系に進む女子はめずらしい」という意味が含まれています。理系の女子が少ない一因には「女性は理系科目が苦手」という思いこみがあると指摘されています（→Q01）。このように考えてみると、「リケジョ」という言葉と「女性は理系科目が苦手」というジェンダー・ステレオタイプのあいだに強い結びつきがあることがみえてくるでしょう。

ジェンダー・ステレオタイプをめぐっては、人びとがこれを内面化する傾向をもつと同時に、自らその再生産を行っていることが指摘されています。心理学の実験で、「数学能力に男女差があるかどうかは議論が続いている」という言葉に続けて「これから行う数学のテストはこれまで性差がみられたものである」といわれてテストを受けた女性受験者は、「これから行う数学のテストはこれまで性差がみられなかったものである」といわれた女性受験者よりも数学の点数が低いという結果が出ています。これは、「性差がある」というアナウンスによって「女性は数学が苦手」というネガティブなステレオタイプが喚起された結果であると考えられます（Spencer et al. 1999; 森永 2017）。また「女性は数学が苦手」というジェンダー・ステレオタイプを知っていると、数学で思うような成績が得られなくても本人や周囲がそれをさほど問題視せず、成績向上のための対応を行わないことが想定されます。この結果、「女性」と「数学が不得意という特質」の結びつきがさらに強化されていくのです。この実験で明らかにされたようなことが、「リケジョ」という呼称をめぐっても起きている可能性が考えられますね。もちろん「リケジョ」という言葉が理系に進むよう、女性へのエンパワーメントとなっている側面もあるでしょうから、言葉のもつ意味はより複雑になるわけです。

　このように、わたしたちは、「〇〇男子／女子」という言葉の背後でジェンダー・ステレオタイプが作用している場合が多くあること、これらの言葉を用いることでジェンダー・ステレオタイプの強化や再生産、あるいは個人の行為を規定することがありうることに注意したいと思っています。

最後に「〇〇男子／女子」がどのような対象や場面で用いられ、どのような対象や場面では用いられないのかをさらに考えてみたいと思います。先にあげた「料理男子」を例に考えてみましょう。ステップでは「料理をすること」と「女らしさ」が結びつけられる一方、「男らしさ」とは結びつかないために「料理（弁当）男子」と呼ばれるのだと述べました。しかし、「料理をすること」と「男／女らしさ」はつねに一定の関係で結びつけられるわけではありません。家のご飯をつくる、お弁当をつくるといった私的な場面で料理をする男性は、少数派でめずらしい存在として扱われるかもしれませんが、レストランなどの公的な場面で働くプロの料理人には男性が多い傾向があり、けっしてめずらしい存在としては認識されません。そして、私的な場面で料理をする男性には「料理男子」の呼称を用いても、公的な場面で料理をする男性にはそのような呼び方がされません。なぜでしょう。そこには私的な場面での料理（つまり家事）は男性ではなく女性が行うもの、公的な場面での料理は男性が担うものといった性別にかんする規範にもとづいた前提があるからでしょう。公的な場面で料理をつくる人びとを指す「料理人」や「シェフ」、「大将」といった呼称には男性を排除したイメージはありませんよね。

このように「〇〇男子／女子」という呼称は、対象や場面に応じて「男／女らしさ」、性別役割分業規範と密接にかかわりあいながら恣意的に結びつけられているのだといえるでしょう。「〇〇男子／女子」がどういった場面や人びとに用いられているのか、その呼び方を用いることでどのような前提意識を再生産する可能性があるのか、背後にある性別にかんする規範に目を向けて、改めて考えてみるとよいですね。（田）

参考文献

▼森永康子「『女性は数学が苦手』――ステレオタイプの影響について考える」（『心理学評論』心理学評論刊行会、二〇一七年、所収）60(1): 49-61.

▼Spencer, Steven J., Claude M. Steele and Diane M. Quinn, 1999, "Stereotype Threat and Women's Math Performance," *Journal of Experimental Social Psychology*, 35(1): 4-28.

03. 男女平等は大事だけど、身体の違いもあるし仕事の向き不向きはあるんじゃない？

男女の身体の違いとしてどのようなことが考えられているのか、また、その違いが仕事の向き不向きとどのように結びつけられているのかを注意深くみる必要があるでしょう。

男女の身体の違いを考えるとき、頭に浮かびやすいのは「男性は女性よりも体力がある」、「女性は妊娠・出産で職場を離れることがある」といったことでしょう。ここでは、「女性に向いている」とされ実際に女性が多く就いている保育や介護などのケア労働と、「男性に向いている」とされ実際に男性が多く就いている土木建設業について考えていきたいと思います。まずはケア労働につい

03. 男女平等は大事だけど、身体の違いもあるし仕事の向き不向きはあるんじゃない？

てですが、保育や介護といった仕事は「優しい」女性にとって適任とされます。実際に保育士、幼稚園教諭、看護師、福祉関連の就業者は、すべて女性の方が多くなっています。しかし、みなさんも想像できると思いますが、これらの業務内容にはかなりの力仕事が含まれているのです。

次に土木建設業ですが、工事現場などの様子から、業務内容は想像しやすいでしょう。炎天下に屋外にいることも多く、重いものを運ぶ必要があるため、たしかに体力や筋力が必要な仕事です。ならばやはり男性向きの職業であると考える人も多いかもしれません。しかし、体力や筋力は、性別によってのみ決まるわけではありません。体格や育った環境にも左右され、同じ性別であっても非常に個人差が大きいものです。「女性はおしとやかに」といった環境で育てられてきた女性が、同年代の他の人に比べて力が弱くなるのは必然ともいえるでしょう。

このように考えてみると、どのような職種や業務内容が、誰のどのような性質にとって適しているとされるのかには恣意的な側面が強くあるといえます。「男／女に本質的に備わっている特質」は、心身ともにどこをどのようにとりあげるかでさまざまな意味づけが可能なものなのです。「妊娠・出産で職場を離れる」ことにかんしていえば、誰もが人生のさまざまな局面で一定期間職場を離れることがあるなかで、女性が妊娠・出産で職場を離れることのみを問題としてとりあげることは、はたして正当なことでしょうか。また、妊娠・出産するという身体性を根拠に、男女で職種や役職が違って当然と正当化することにも疑問がわいてきます。

このような身体的な差異への意味づけが職場になにをもたらしているのかを「予言の自己成就」という概念を用いて考えてみたいと思います。「女性はどうせ妊娠・出産で職場を離れるのだからキャリア教育をするのはもったいない」という上司のもとで、女性は十分な能力開発の機会や仕事のチャンスを与えられないことがあります。このような職場では、たとえ意欲があっても、やりがいやキャリアの展望を得ることができず、結果として女性たちが離職を選択していくのです（→Q23）。「女性は妊娠・出産で職場を離れるだろう」という予言がそのまま現実のものとなってしまうこと、これが「予言の自己成就」です。この場合、女性は仕事に満足できないことが原因で退職しているといえるわけですが、これが「やっぱり女性は仕事を辞める」と、職場ではなく女性個人の問題として理解されてしまうことにも問題があるといえるでしょう。

このように、身体的な差異とは制度や人びとの認識によって意味づけられた差異なのです。身体的な差異の存在が事実だとしても、「女性は妊娠・出産する、だから重要な仕事は任せられない」と、その差異に価値判断をもちこんで性別による異なる処遇を正当化することは不当なことであるといえるでしょう。

ステップでは身体的な差異についてみてきました。しかし、そもそも「身体的な差異」とはなんでしょうか。ジェンダー研究では、「男／女らしさ」を参照することで人の行動やおかれた状況を説明できるようにする実践そのものを「ジェンダー」と呼ぶことがあります。この用法において、「ジェンダー」は実践（doing）であるため、「Doing Gender」（West and Zimmerman 1987）といったりします。「ジェンダーは実践である」といわれてもピンとこない方が多いと思うので、暴力を例に考えてみましょう。

たとえば、男性が女性に暴力をふるっているのを目にしたとします。これを「男性は女性よりも口下手で力が強いから暴力をふるったのだ」と理解した場合、「男は口下手で力が強い」という「男らしさ」を参照し、それと暴力の原因を結びつけています。同時に「男は女よりも口下手で力が強い」という「男女の差異」を認めることになります。逆に、女性が暴力をふるっている場面を目にして、「女はヒステリックになりやすいから」という形で「女らしさ」と暴力を結びつけ「男女の差異」を理解することもあるでしょう。

このように、同じ「暴力をふるう」という行動でも、それが誰によって行われたかによって男女で異なった意味づけや理解がなされるのです。「男/女らしさ」を都合よく利用しながらさまざまな現象（ここでは暴力）を説明したり納得したりすることで、「男女の差異」を認識したり了解したりすること、これが実践としてのジェンダーです。

最後に、「身体的な差異」が、男女できれいに二分できないことにも注意が必要です。身体的な差異を形づくる構成要素のうちのひとつである染色体をみてみましょう。一般的には染色体が46XX型であれば女性的身体への分化を、46XY型であれば男性的身体への分化を促しますが、すべての人がこの2種類に分けられるというわけではありません。染色体が45X型という場合や46XX型の男性という場合、47XXY型という場合などさまざまなパターンがあります。また、外性器についても同じことがいえます。ペニスがあれば男性、ヴァギナがあれば女性と考えられがちですが、実際にはどちらにも分類できないような外性器をもつ人は一定の割合で存在していますす（加藤ほか 2005）。もし染色体や外性器によって性別を「男/女」の二つに分けるとするならば、どちらにも属さない人が一定数存在するのです。

生物学的性別のどこかの水準が「普通の男女」とは異なる状態のことを「性分化疾患」といいます。わたしたちの身体は、染色体や外性器、内性器や性腺、ホルモンなどさまざまな構成要素からその性が形づくられています。それらのバランスは微妙なもので、本来は完璧に「男性の身体」／「女性の身体」と分けられるようなものではないのです。たとえば、一般的に体毛の濃さは男性ホルモンの量によるとされますが、同じ性別とされるなかでもその濃さには差がありますし、体毛の薄い男性もいれば濃い女性もいますね。すべての人をきれいに「男／女」の性別に分類しようとすることには当然ながら無理が生じますし、「男／女」の身体と二分できると思われることでこぼれおちるケースは少なくないのです。

このように観点を変えながら考えてみると、ひとくちに「身体的な差異」といっても、それが当たり前に存在しているわけではないということがわかります。まずは「身体的な差異＝男女の違い＝男女で二分」という前提を疑ってみることからはじめませんか。（平松）

参考文献

▼加藤秀一・石田仁・海老原暁子『図解雑学ジェンダー』ナツメ社、二〇〇五年

▼West, Candace and Don H. Zimmerman, 1987, “Doing Gender,” *Gender & Society*, 1(2): 125-51.

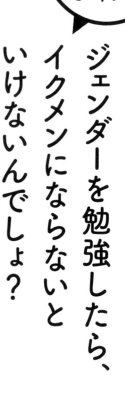

04.

ジェンダーを勉強したら、イクメンにならないといけないんでしょ？

HOP

ジェンダー研究は性別による縛りからの自己解放をめざす学問なので「イクメンになれ」と人に強制しません。でも、わたしたちは男性が育児に取り組むことは大切なことだと思っています。

STEP

そもそもジェンダー研究は「勉強したらイクメンにならねばならない」といったようにひとつの生き方を強制するものではありません。性別や「男／女たるものこうあるべき」といった規範に異議を唱え、その縛りから自己解放されることをめざしているのです。

ただ、夫婦間において片方が育児に取り組まなければ、そのパートナーはひとりで育児をする、いわゆる「ワンオペ育児」に陥ります。この状態は有償／無償労働の分配の偏りとあわせてジェンダー研究が長年問題視してきたものでした。

男性が「育児したくてもできない」空気があると思う人もいるかもしれません。厚生労働省の「雇用均等基本調査」によれば、女性の育児休業取得率が83・2％であったのにたいして、男性の育児休業取得率は5・14％と低い水準となっています（二〇一七年度）。育休取得期間は男性が5日未満56・9％と過半数を占め、女性の取得期間と大きく異なります（二〇一五年度）。こうした結果については、男性の育休にたいする周囲の無理解が原因なのではないか、という声が一般によく聞かれます。しかし、次の研究が示すように、男性の育休取得率の低さや取得期間の短さは、周囲の無理解それ自体に起因しているというより、「周囲が男性の育休にたいして否定的」だと考えてしまう意識の問題である可能性があります。

九州大学の研究者たちが299人の男性（20代～40代、既婚、男性も取得可能な育休制度を有する会社で働いている）を対象として育休について尋ねると、回答者の7割強（73・9％）が「自分は男性の育休取得に肯定的」と答えました。ところが、その半数超（53・4％）が「他人は否定的にとらえている」と答えており、この人たちは「他人も肯定的にとらえている」と思っている人に比べて、育休を取得しようとする意思が弱い傾向にあったそうです。

「育休を取りたい」と思ったときに、実際には育休に理解ある同僚たちがいても、「周囲が理解してくれない」と思いこんで育休を避けてしまう男性が少なくないのでしょう。男性に育児をしづらくさせている空気は、わたしたちの思いこみがつくりだしているともいえるのです。

誰もが性別にかかわらず、働いたり、育児をしたりできる社会をめざすには、こうした思いこみを取り払っていくことが必要です。女性が「イクジョ」といわれないのと同じように、男性が当たり前に育児に取り組む、その実践を積みあげていくことこそが大切だとわたしたちは考えています。

次に「イクメン」という言葉について考えてみましょう。「イクメン」は、二〇一〇年の新語・流行語大賞トップテンに選ばれました。「イケメン」をもじったもので、育児に積極的な男性を指しています。

厚生労働省は、二〇〇九年改正の育児・介護休業法が施行されるのにあわせて、二〇一〇年に「イクメンプロジェクト」を立ち上げました。父親の育児参加にかんする啓発活動が進められるなかで、「ファザーリングジャパン」のような民間の団体も発足

04. ジェンダーを勉強したら、イクメンにならないといけないんでしょ？

しています。このように「イクメン」は、今や、仕事と育児の両立支援施策を推進するための「めざすべき男性像」のシンボルとして称揚されているといえるでしょう。

しかし、「イクメン」と褒められている人が、本当に十分に育児に取り組んでいるといえるのか、考えてみる必要があります。大和ハウス工業が二〇一七年に行った「共働き夫婦の『家事』に関する意識調査」によると、共働き夫婦の家庭での家事負担の割合は、妻の認識では「夫1割：妻9割」がトップ（37・3％）であるのにたいし、夫の認識では「夫3割：妻7割」がトップ（27・0％）となっています。

なぜ夫婦間にこのような認識のギャップが生まれるのでしょう。家事・育児・介護などのケア活動のなかには、みえにくい「お膳立て」が含まれているという指摘がなされています（平山 2017）。たとえば、夫が妻に頼まれた食材を買い、調理して、子どもに食事を与えたとします。その裏には、子どもの好み、健康状態、栄養バランスの他、翌日以降の食事、予算などさまざまに考慮して献立を考える、という妻の「お膳立て」があるのです。食事を与えることに限らず、家事・育児のなかにはみえない「お膳立て」が無数にあります。これを見逃しているがゆえに、夫が「自分は家事・育児をやっている」と思っているほどには、妻は評価していない、という事態になるのだと考えられるでしょう。

「イクメン」に話を戻すと、この言葉は、父親たちに少しでも育児に参加することを勧めようと生みだされたものでした。キャッチーな流行語の影で、子どもをお風呂に入れたり、一緒に出かけたりしていても、「お膳立て」の部分はすべて妻任せという父親が、「イクメン」と名乗っていることも少なくないかもしれません。「イクメン」を提唱した著書がある東レ経営研究所の渥美由貴は、朝日新聞のインタビューに次のように答えています。

男性の育児参加をポジティブに捉えられる言葉として「イクメン」を言い始めたが、自分をアピールする言葉として使う男性も出てきた。イクメンにふさわしい人ほどイクメンという言葉を嫌う。それは、当たり前のことをやっているという認識があるから。イクメンを自称すること自体、かっこ悪い世の中になってほしい。（『朝日新聞』2017.6.3）

以上をふまえ、わたしたちは「イクメン」という呼び方そのものや「イクメンになること」が本当に素晴らしいことなのか、もう一度考えてみたいと思っています。

ここまでは夫婦間において男性が育児に参加することについてみてきましたが、育児をする親はもちろん夫婦だけではありません。シングルの人や同性間のカップルもいます。また地域で登下校の見守り活動に参加することや子どもの世話で時短勤務をする同僚をサポートすることも子育てへの参加といえるかもしれませんね。このように子どもを育てるということをもう少し大きな枠組みでとらえてみることも、子育てについての視野を広げてみるよい機会となるでしょう。（照井）

参考文献

▼平山亮『介護する息子たち——男性性の死角とケアのジェンダー分析』勁草書房、二〇一七年

▼West, Candace and Don H. Zimmerman, 1987, "Doing Gender," *Gender & Society*, 1(2): 125-51.

05.

専業主婦になりたい人もいるよね？

重要なことは個々人が性別にとらわれず、自由に生きられる社会の実現です。専業主婦になることも選択肢のひとつではありますが、ケア役割の価値が低いものとされており、それが女性という性別に結びつけられていることに注意しなければなりません。

まず「専業主婦になりたい人」が実際にどのくらいいるのかを確認してみましょう。内閣府男女共同参画局の『男女共同参画白書』（平成30年版）によると、「夫は外で働き、妻は家庭を守るべきである」と答えた人は、女性で37・0%、男性で44・7%でした。これを「女性は専業主婦になるべきだ」と考える人と読みかえるなら、男女いずれも半数以下ですね。実際の世帯数をみてみても、

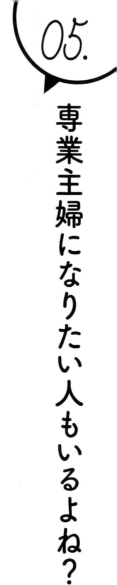

05. 専業主婦になりたい人もいるよね？

二〇一七年で男性雇用者と無業の女性（専業主婦）からなる世帯が641万世帯、共働き世帯が1188万世帯となっており、現在では「サラリーマンの夫、専業主婦の妻」からなる家庭はむしろ少数派であることがわかります。日本では高度経済成長期に専業主婦世帯の増加がみられましたが、その趨勢は既に終焉を迎え、男性サラリーマンの配偶者の多くが希望するとしないとにかかわらず働きに出ているのです。

ここで、「専業主婦になりたい」と思う背景について考えてみましょう。まず、不況の影響で、安定した給与を得られる正規雇用の数が減っていることがあります。女性は男性よりも正規雇用の労働者として採用される可能性が低いため、自らがその地位を得るよりも正規雇用の地位を確保した男性の妻となることを選択肢として考えることは当然ありえます。また、労働環境がそもそも劣悪であったり男性中心的であったりすること、あるいはセクシュアル・ハラスメントやマタニティ・ハラスメントなどがあることで働くことが魅力的に思えないということもあるでしょう。加えて、家事・育児が大きく女性の負担に偏りがちな現状では、女性が働くことは労働と家事・育児という二重の負担を背負うことになります。自ら働くよりも専業主婦になった方が「合理的」ととらえ、「専業主婦になりたい」と思う女性たちの存在はこうした社会構造と大きくかかわっています。労働市場での成功の見込みの低さから、学歴や社会的地位・経済力が自分よりも「上」の男性と結婚する「上昇婚」によって専業主婦になることが「女の第二の成功」とされているのです。

本人が「専業主婦になりたい」のだからそれでよい、と考えるのではなく、その思いの背後にある社会的な構造や女性がおかれている状況を考えることが必要です。

ステップでは、「専業主婦という生き方を選択するのは個人の自由」と片づけられるほど問題は単純でないことをみてきましたが、日本における専業主婦の状況や困難を確認し、専業主婦のなにが問題視されているのかをさらにみていきましょう。

「専業主婦になりたい」あるいは「専業主婦は羨ましい」という人のなかには、「専業主婦は働かずにすむので楽」と考えている人も多いかもしれません。

こうした専業主婦のイメージは有償労働を担わず、家事や育児など賃金が払われない無償労働（＝アンペイド・ワーク）のみを担う女性を前提としています。しかし実態としては、この定義に完全に合致する専業主婦は限られており、経済的な事情からパート労働を含む非正規労働との間を行き来する女性たちは少なくありません。家事・育児をしながらパート労働をする女性たちは「準専業主婦」と呼ばれています（周 2019）。

05. 専業主婦になりたい人もいるよね？

つまり「専業主婦」には無償労働のみを担う「完全な」専業主婦と、無償労働を担いながら非正規労働も行う「準専業主婦」がいるのです。このような実態を考えると「専業主婦は夫に働いてもらえるので楽」という認識は適切ではないといえるでしょう。しかし、それでも夫に比べれば楽、と反論したくなる人もいるかもしれませんので、専業主婦の抱える困難とはなんであるのか確認していきましょう。

まず、夫によって経済資源へのアクセスが支配・コントロールされてしまうこと、そしてそのような状態から抜けだすことが難しいことがあげられます。「完全な」専業主婦であれば、就労機会や稼得能力はないに等しく、非正規労働をしている「準専業主婦」も安定した収入を得られないことや、正規社員と同等の労働上の保障を得られないことから、夫から経済的に独立できるほどの稼得能力があるとはいい難いでしょう。彼女たちの生存の基盤は非常に脆弱な状態にあるといえます。実際に、高齢者の貧困は女性に集中しており、その貧困の最大の要因は夫との死別によって経済資源へのアクセスが途絶えることにあることが明らかになっています（大沢 2013）。経済的依存状態は死別のみならず離婚によって関係が破綻することによっても生存の危機を招きかねません。

また、非正規労働をしながらケア労働も担っている「準専業主婦」には、「家庭も仕事も」という二重負担の困難があります。総務省統計局の「社会生活基本調査」（平成

28年）によれば、共働き世帯での週当たりの家事・育児時間は、妻が4時間54分なのにたいし、夫は46分と大きく差が開いています。このデータは正規労働者の女性も含みますが、女性が仕事と家事の二重負担をおっていることをよく示しているといえます。

ここであらためて、「専業主婦」のなにが問題視されているのかを確認してみましょう。アン・オークレーは、現代産業社会における主婦役割の特徴を次のように述べます。

> (1) 成人の男女両方に割り当てられず、もっぱら女に割り振られる。
> (2) 経済的な依存、つまり、近代の結婚における女性の依存的な役割と結びついている。
> (3) 労働として認知されていない――いいかえれば「本当の労働」、つまり経済的な生産労働と対照的なものである。
> (4) 女にとって、それが主たる役割である。つまり、他の役割に優先するということだ。（Oakley 1974=1986:6）

(2)の経済的依存については既に説明しましたが、女性ばかりに偏って「専業主婦」の役割が与えられてきたこと、「専業主婦」としての仕事は男性が行う仕事よりも価値が低いものと位置づけられてきたこと、女性がそうした仕事をつねに優先すべきものとして担わされてきたこと――これらもまた専業主婦を論じるさいにふまえるべき事柄だといえます。「専業主婦」としての仕事が「だれでもやれること」と認識され、社会において価値の低いものとされていることは、労働市場における保育士・介護士の低賃金問題などにもつながっています。専業主婦は夫に「依存」しているとされる一方で、家事・育児を妻に担わせている夫は「自立」していることになっているといった非対称性もあります。

専業主婦を個人の選択と片づけるのではなく、そこに性差別や権力の非対称性がないか、そのありかたをつねに問う必要があるのです。（児玉谷・前之園）

参考文献

▼Oakley, Ann, 1974, *Women's Work: The Housewife Past and Present*, New York: Pantheon Books.（岡島茅花訳『主婦の誕生』三省堂、一九八六年）
▼大沢真理『生活保障のガバナンス――ジェンダーとお金の流れで読み解く』有斐閣、二〇一三年
▼周燕飛『貧困専業主婦』新潮社、二〇一九年

06.

男女平等っていうけど、女性も「女らしさ」を利用しているよね？

HOP

問題は、「女らしい」とされる行動や、そのような行動をとる人そのものではなく、「女らしい」とされる行動が女性のみに過剰に結びつけられていることにあるのです。女性と「女らしさ」が強く結びつけられている背景には、いまだに女性の社会的地位の低い日本の現状があります。

STEP

「女らしい」とされる行動それ自体はけっして悪いものではありません。たとえば、飲み会の席でサラダを率先して取り分けるという行動を考えてみましょう。サラダを取り分けるというこの行動は「気遣い」を示すものであり、「気遣い」を示すこと自体は悪いことではありません。

06. 男女平等っていうけど、女性も「女らしさ」を利用しているよね？

しかし、サラダを取り分ける行動は、しばしば「女子力が高い」などといわれることで、「女らしさ」と結びつけられます（↓コラム1）。相手を気遣うことができることは、性別に関係なくすべての社会人に求められることで、わざわざ「女らしさ」と結びつける必要のないものです。それにもかかわらず、サラダを取り分けるという行動が「女らしさ」と結びつけられて女性の評価基準となっているのです。

女性にのみ過剰に結びつけられている行動は他にも多くあります。たとえば、「料理ができる」、「化粧をする」などです。こうした行動はしばしば「女らしさ」と結びつけられます。しかし、日常生活をふりかえってみると、男性の料理人はたくさんいます（↓Q02）。化粧も現代では「女性がするもの」と考えられがちですが（↓コラム4）、戦国時代には武士のあいだでお歯黒のような化粧をすることは一般的でした。このように現在「女らしさ」とされる行動は、かならずしも一貫して特定の性別と結びつけられてきたわけでもありませんし、その実態を示すものというわけでもないのです。

問題なのは、以上にあげてきたような「女らしい」行動自体ではありません。その行動が女性という属性と恣意的に結びつけられ、それが望む／望まないにかかわらず、すべての女性に強いられることが問題なのです。また、男性を支え、補助するような行動が女性と多く結びつけられがちであることにも注意が必要でしょう。

では、なぜ「女らしさ」を武器とするような行動をとる女性がいるのでしょうか。わたしたちは、そのような行動をとらないと、社会に認められない現状があるためではないかと考えています。

女性版ダボス会議とも呼ばれる世界経済フォーラムは、国ごとの男女格差の度合いを示す「ジェンダーギャップ指数」を毎年発表しています。この指数は、経済・政治・教育・健康の４つの分野の男女平等の度合いで順位を決めます。二〇一八年の日本の順位は、１４９か国中１１０位でした。この指数によると、日本は他国と比較して特に政治、経済分野での格差が深刻であることがわかります。日本では、まだまだ深刻な男女格差が存在しており、女性の社会的地位は低いままなのです。このような状況におかれているなかで、女性が社会的に認められるためには次の２つの選択肢しかありません。

１つめは、「男性並み」にバリバリ活躍することです。この選択肢を選ぶのは、男性中心主義的文化に適応した／できた一部の「優秀な」女性です。こうした女性は「名誉男性」などと呼ばれることがあります。一見すると問題なさそうですが、「男性並み」でありながら「女らしさ」を求められるという二重の苦しみを背負うこともあります。

06. 男女平等っていうけど、女性も「女らしさ」を利用しているよね？

2つめの選択肢は、細やかな気遣いができて男性をたてることができるといった、社会が是とする「女らしさ」にそう行動をとることです。この選択肢を選ぶと、社会に認められることはできますが、職業人としては「二流」のレッテルを貼られます。「男性並み」に活躍するという選択肢を選ぶことができない／選びたくない女性にとって、社会が是とする「女らしさ」を武器にする以外の方法がないという状況があるのです。

「女らしさ」を武器にして社会から認められるならそれでよいではないか、と思うかもしれません。しかし、「女らしさ」を武器に行動するということは、男性を優位におく既存の社会システムの維持に加担してしまうことでもあります。「女らしさ」が周縁的なものとされている以上、周縁的な役割を引き受けていくことが、その構造を再生産してしまうことにつながるのです。しかし、このとき、そのような行為を選択している女性を問題視するかわりに、女性を周縁化する構造の再生産に女性自身が加担せざるをえない状況を問題のあるものとしてとらえる必要があるでしょう。ステップでみてきたように、現代日本社会において、多くの女性は「女らしさ」を利用しなければ社会的に認められない状況におかれているからです。

最後に、一見「女らしさ」を武器にしているようにみえて、実は、男性優位の社会システムにたいして女性たちが抵抗している事例を紹介します。

小笠原祐子（1998）は、「腰掛け」で仕事への意欲が低いとされている一般職の女性たちが、あえてその立場を逆手にとってさまざまな性の抑圧にたいし抵抗していることを明らかにしました。たとえば、一般職の女性たちは、総合職の社員では断ることができないような上司からの頼み事を拒否したり、男性社員から頼まれた仕事の優先順位を勝手につけたり、ときには仕事をボイコットしたりしていました。小笠原は、「仕事の心配や昇進の心配、雇用の心配をしなくてよい」ことが、彼女たちのこのような抵抗を可能にしていると述べています。女性たちが、ＯＬという弱者の立場を利用して、性の抑圧に抵抗しているというのは興味深い発見でした。

ただし、小笠原は、この一般職女性たちの抵抗には限界もあると指摘しています。こうした抵抗の行為は、現行の不平等な制度に協調、服従する「協調的抵抗」であり、伝統的な性別役割を再生産してしまうのです。前述した抵抗の行為は自らの気持ちを大切にしてほしいという女性たちの要求が尊重されなかった場合になされるものであり、もし男性がその要求を尊重した場合には、女性はその男性の仕事を献身的に支えることになります。そのため、ＯＬたちの抵抗の結果、行きつく男性と女性の役割関係は、非常に伝統的な男女のかかわりかたになってしまいうるのです。

また、企業内でキャリアアップを求める女性たちのなかには、一般職女性たちの抵抗の行為を否定的に評価する人もいました。なぜなら、そのような抵抗の行為は、男性とのあいだに仕事の責任を分かちあう「力」を手に入れる妨げにはなっても、助けにはならないと考えられるためです。

とはいえ、女性の分断を超えて、問題にすべきは、一般職女性にこのような役割を押しつけている社会です。「女らしさ」ではなく、自分らしさを誰もが追求できる、多様性に開かれた社会をみんなでめざしていきましょう。（渡部）

参考文献

▼小笠原祐子『ＯＬたちの〈レジスタンス〉——サラリーマンとＯＬのパワーゲーム』中央公論社、一九九八年

column.1

女子力って……？

「女子力」という言葉をよく耳にするようになりました。そもそもこの「女子力」、二〇〇九年の新語・流行語大賞へのノミネートがきっかけで普及したといわれています。「料理が上手」、「美意識が高い」、「ハンカチをもちあるいている」など、意味するところはさまざまです。「女子力」が指す行動それ自体を批判する必要はありませんが、それを「女子」と安易に結びつけてしまうことには注意する必要がありそうです。なぜでしょうか？

まず、ステレオタイプを再生産してしまう可能性があるからです。本章の「〇〇男子／女子」（↓Q02）でもふれられていますが、特定の行動を性別と結びつけて理解することはジェンダー・ステレオタイプを当然のものにしてしまいます。「女子力が高い」とされる「料理が上手」を例に考えてみましょう。男子学生であるわたしは実家で料理をしたことはありませんでしたが、上京してひとり暮らしをするにあたり、和洋中の基本を習得しました。最初からできたわけではありません。もしも女子学生がひとり暮らしをはじめてスムーズに料理ができるとするなら、それは実家で「女の子なんだから料理くらいできないと」と育てられてきた結果かもしれません。つまり、単なる性別ではなく、生活・生育環境が、料理ができる／できないの要因となっているかもしれないのです。本来、性別とはあまり関係がない行動を「女子力」という言葉で女性と結びつけてしまうことは、女性の役割や生き方を押しつけたり固定化したりしてしまう可能性があるのです。

「女子力」という言葉を使うとき、本当にそれらが「女子力」としか表現できないのか考えてみましょう。もしかしたら、「生活力」や「料理上手」など他の言葉でいいかえられるかもしれません。普段気にとめることなく使っている「女子力」という言葉のもつ力について、少し考えてみませんか。（平松）

第二章

セクシュアル・マイノリティについてもっと知りたい！

最近、テレビや新聞で「ＬＧＢＴ」（セクシュアル・マイノリティ）が
よくとりあげられるようになりました。
でも、詳しくはわからないという方も多いことでしょう。
この章では、恋愛、性、結婚などを通じて、
セクシュアル・マイノリティのこと、
そしてわたしたちの社会にある性についての規範をみていきます。
「自分は当事者ではないし、周りにもいない」
と思っている人にとっても無関係な話ではありません。
わたしたちと一緒に、自分自身の性のありかたについても考えてみましょう。

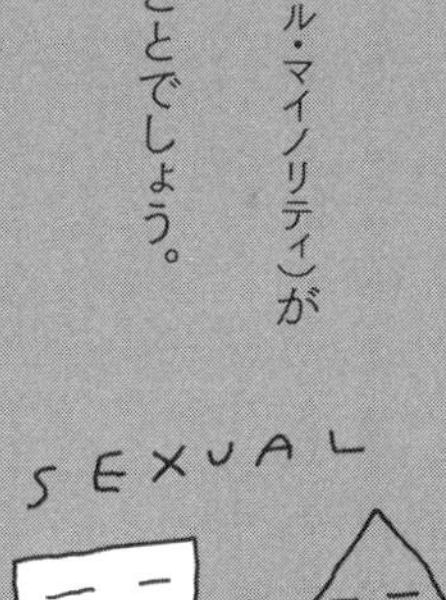

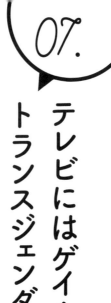

07.

テレビにはゲイや女装家、トランスジェンダーが出ているけれど、違いはなんなの？

HOP

男性の同性愛者を「ゲイ」、女性でないが女性の格好をする人を「女装家」といいます。混同されがちな両者ですが、前者の性的指向（性的な欲求の向かう対象）と後者の性表現（装いやふるまい方）は異なる位相の問題なので区別して考える必要があります。

STEP

性のありかたについて、ジェンダー研究では4つの位相で考える方法が一般的です。その4つとは、性自認、身体の性、性的指向、性表現です。これにそってゲイ、女装家、トランスジェンダーについて考えてみましょう。

まず、ゲイとは男性の同性愛者、つまり、自分の性を男性であると認識しており（性

07. テレビにはゲイや女装家、トランスジェンダーが出ているけれど、違いはなんなの？

自認＝男性）、性的な欲求の向かう対象が男性（性的指向＝男性）です。ゲイのなかでも装いやふるまいかたなどの性表現は人によってさまざまで、女らしい格好を好むゲイもいれば男らしい格好をするゲイもいます。

これにたいしてトランスジェンダーは、生まれたときにわりあてられた身体の性とは異なる性を生きている人びとを指します。より狭義にいえば、性自認と身体の性が一致していないという感覚（性別違和）をもつ人です。これにたいして、性別違和のない人を「シスジェンダー」といいます。「トランスジェンダーって性同一性障害のこと？」と思う方もいるかもしれませんが、両者は異なります。「性同一性障害」とは、手術などにより身体を性自認にあわせることを望んでいることを示す医学的な診断名でした。トランスジェンダーのなかにはそのような手術を望まない人もいるので、トランスジェンダー＝性同一性障害ではありません。また、手術を受けたいと思う人のなかにも、自身の思いを障害と位置づけたり、治療の対象として扱われたくないと考えたりすることから「性同一性障害」という名称を使用しない人もいます。

女装家はトランスヴェスタイト（異性装者）として広義のトランスジェンダーに含まれることもありますが、自分の性を女性であるとは認識しておらず（性自認＝女性ではない）、装いやふるまい方が女性的である（性表現＝女性）人を指しますので、性自認や性的指向はさまざまです。ここで気をつけたいのは、かならずしも「性自認が女性ではない＝性自認が男性である」というわけではない、ということです。「性自認は女性ではないが男性でもない人」の例として「X《エックス》ジェンダー」があげられます。これは性自認が男性か女性のどちらか一方ではなく、中性（男性と女性のあいだ）や両性（男性でも女性でもある）、無性（自分の性に男女の認識がない）といった状態を指す日本特有のカテゴリーです。Xジェンダーのなかには「男／女らしい」服装をすることを異性装、つまり女装や男装と表現する人もいます。女装をする人の性自認はかならずしも男性ではないのです。

最近は国連などを中心に、性的指向と性自認をセットにしたSOGI（Sexual Orientation & Gender Identity）という概念が使われています。たとえば「女性を好きな男性」は「性的指向は女性、性自認は男性」となります。「女性を好きな男性」は今の日本ではセクシュアル・マイノリティだとはみなされないと思いますが、その人にもSOGIはあります。わたしたちはみな「多様な性」を生きる社会のひとりとして存在しているのです。

性を4つの位相で考えることにはどのような意味があるでしょう。加藤秀一は、性自認と性的指向を分けることの意義として、ステレオタイプの打破をあげています（加藤 2006）。たとえば「性的指向が（異性愛者の女性のよ

う に）男性に向くから、ゲイは女性的」といった思いこみは、性の位相を丁寧に腑分けすることで崩していくことができるでしょう。またステップでも述べたように、異性愛者であり性自認と合致した性表現をしたいと思う性的多数派を「多様な性」の一員として考えることも可能になるでしょう。

ただし「自分は〇〇である」と確固たるアイデンティティをもつことは難しいものです。一九四〇〜五〇年代にアメリカの性科学者アルフレッド・キンゼイは、人びとの性的指向が同性愛、両性愛、異性愛の3タイプに単純には分類できないことを示しました（Fausto-Sterling 2012=2018）。性的指向とは程度ではなくカテゴリーの問題であるとする研究（Norris et al. 2015）もありますが、あわせて女性のセクシュアリティが流動的である可能性を指摘しています。

さらに身体の性も、男性と女性に二分できるものではありません。染色体、性腺、内性器、外性器など。それらは明確に男性／女性にわけられるものではないですし、すべての人が一貫して男性／女性の区分に統一されているわけではありません（↓Q03）。

そして、これまで述べてきたように、誰もがはっきりした、生まれつきで不変の性を生きているわけではありません。自らの性を男性や女性と定めない人びともいます。ステップであげた「Xジェンダー」、性自認や性的指向を定めない／定めることを保留する「クエスチョニング」はその一例です。性のカテゴリーがやみくもに増えるだけで意味がないと思いますか？　でも、こうしたカテゴリーによって自己理解が進んだり、「自分以外にも同じような人がいる」と気持ちが楽になったりする人びとがいるのです。

最後に、「同性愛が先天的であるのなら、それは本人が選べないことなのだから差別してはいけない」という考え方を検討してみましょう。この考え方は、本人が選んだことについては差別しても問題ないという解釈をあわせもつ危険性を孕んでいます。もちろん、同性愛者自身が「同性愛は先天的であり、選択も変更も不可能である」と主張することもあります。しかし、これには歴史的な背景もあるのです。一九世紀、ドイツやイギリスでは同性間の性行為は犯罪とされていました。これにたいして「同性間の性行為は同性愛という一種の病によるものであり、罰するのではなく治療するべきだ」という主張がなされました。こうした犯罪化や病理化から逃れるべく、戦略的な主張として「同性愛は先天的であり、選択も変更も不可能」という訴えが出てきたのです。しかし、「普通」とみなされない性のありかたは、それが先天的であろうと後天的であろうと、たとえ生きているあいだに変わることがあったとしても、迫害していい理由にはなりません。

性のありかたに限らず、さまざまな属性について、「自分以外にも同じような人がいる」と思えると少し楽になることがあるでしょう、どのような性を自認し、どのような性的指向をもち、どのように性を表現するか。そしてそれを表明するかどうか。それらは本人の意思がもっとも大切です。「あなたは○○」、「○○だからこうだろう」といった決めつけをやめることこそ、多様な人びとがともに生きる社会の基盤となっていくのではないでしょうか。もちろん、「わたしは○○だからこうしなければならない」という自分への決めつけにも気をつけたいですね。（川平）

参考文献

▼Fausto-Sterling, Anne, 2012, *Sex/Gender: Biology in a Social World*, London and New York: Routledge.（福富護ほか訳『セックス／ジェンダー――性分化をとらえ直す』世織書房、二〇一八年）
▼加藤秀一『知らないと恥ずかしいジェンダー入門』朝日新聞社、二〇〇六年
▼Norris, Alyssa L., David K. Marcus and Bradley A. Green, 2015, "Homosexuality as a Discrete Class," *Psychological Science*, 26(12): 1843-53.

08.

「ホモ」、「レズ」って呼び方はダメなの？

HOP

こうした呼び名は基本的には侮蔑的な意味あいで使用されてきたものです。仮に呼ぶ側に攻撃の意図がなかったとしても、その言葉がどのように特定の人びとを傷つけてしまう可能性があるのかを考えてみましょう。

STEP

「ホモ」や「オカマ」、「レズ」という呼び方は異性愛者が侮蔑的な意味あいで用いてきたもので、特に「レズ」は異性愛男性向けポルノにしばしば使われてきた言葉です。日本社会では「ホモ」という言葉は、一九九〇年代から次第に「ゲイ」という言葉にとってかわられていきました。この変化の背景には「ゲイ」という言葉を広めようとした「ゲイリブ」（ゲイ解放運動）の流れがあるといいます。「ゲ

08. 「ホモ」、「レズ」って呼び方はダメなの？

イ」という言葉には、もともと「いい気分」、「お気楽」といったポジティブな意味があり、「ホモ」という言葉がもつ否定的なイメージを肯定的なものへと転換する役割を果たしているのです。一方、「レズ」という略称も、当事者間以外の文脈で使われると侮蔑されているように感じるとして不快感を示すレズビアンが多いとされています。

とはいえ、当事者のなかにもさまざまな立場の人がいます。自虐をこめて自らを「ホモ」と呼び笑いに変える人、あるいは特に呼称を気にしないという人もいるようです。いずれにしても、自己を表現することと他者に名指されることでは感じ方が違うことには注意が必要です。

わたしたちの社会では、いまだに同性愛者を嘲笑する風潮はなくなっていません。最近の例では、二〇一七年九月、テレビ番組に登場した「保毛尾田保毛男《ほもおだほもお》」に抗議が寄せられるということがありました。「いまどきホモという言葉をテレビで聞くと思わなかった」という批判も寄せられましたが、「単なるおふざけに目くじらを立てて」といった声も聞かれました。これは同性愛者を攻撃してもよい対象であると思っている証ともいえ、同性愛者にたいする無知や差別意識を表に出すことにつながります。子どもたちがテレビをみて同性愛者は笑ってもよい対象だと学び、学校でそのようにふるまうことは想像に難くないでしょう。同性愛者を揶揄やからかいの対象とすることは、たとえ差別の意図がなく、単に同性愛者で笑いをとっただけだとしても、差別への加担になると考えられるのです。

「ゲイ」、「レズビアン」という呼び名は同性愛者自身がつくりだしたものですが、当事者から生まれた呼び名だということには大きな意義があります。長いあいだ、同性愛者たちは精神医学の対象として「病気」、「異常」、「逸脱」、「倒錯」とみなされ、もっぱら否定的に語られてきました。当事者である同性愛者の声や生は無化されてきたのです。否定的に押しつけられた呼び名をぬぐいさり、自発的に名前を名乗りあげることは、同性愛者が自らを主体として自覚的に考えることにつながりました。

一方、一九九〇年代以降の英語圏では、非異性愛者たちが押しつけられてきた「クィア（変態）」という蔑称をあえて当事者自ら引き受け、この呼び名にこめられてきた意味を反転させ、連帯し、社会のありかたを問い直そうと、クィア・スタディーズという学問分野や運動も登場しました（河口 2003）。しかし、ここでも重要なのは、「自ら引き受ける」という部分であり、自己を名乗りあげることと他者から名指されることの違いは認識しておくべきでしょう。

こういうと、「ちょっとしたジョークだし、たかが呼び方なのに配慮しなければならないなんて息苦しい」と思う人がいるかもしれませんね。しかし、ジョークであっても侮蔑的な呼称を用いることは差別構造を追認する行為であり、特定の人を傷つけてしまう可能性をもつのです。セクシュアリティだけでなく、ジェンダーや人種の平等などの議論の多くは、虐げられてきた人たちが声をあげることからはじまりました。声をあげている誰かにたいして「そこまでする必要ある？」というように応じることは問題の矮小化、告発の無効化につながります。

わたしたちは、「ホモではなくゲイ」、「レズではなくレズビアン」と「正しく」呼ぶことがゴールだとは思っていません。侮蔑的な呼び名にこめられてきた差別の歴史を知り、そうした呼び名を使うことを拒否すること——そうすることで、より多くの人びとにとって公正な社会を実現するための第一歩をふみだすことができるのではないでしょうか。（村川）

参考文献
▼河口和也『思考のフロンティア クイア・スタディーズ』岩波書店、二〇〇三年

09.

子ども産めないのに、同性婚って必要あるの？

HOP

そもそも結婚＝子どもを産むこと・もつことではありません。将来子どもをもたない／もてないことが、異性間の結婚の可否に影響することはありませんよね。

STEP

わたしたちの社会には、結婚すれば当然、子どもを産むこと・もつことになるという考えが根強くみられますが、実際には、結婚をすることと子どもを産む・もつことはかならずしも結びついているわけではありません。法的な婚姻関係にあっても、子どものいないカップルは少なくありません。共働きで子どもを意識的にもたない夫婦のことを指すＤＩＮＫＳ（Double Income No Kids）という言

09. 子ども産めないのに、同性婚って必要あるの？

葉もあります。また、異性のカップルでも高齢や病気などの身体的理由から妊娠が難しいケースや、経済的な理由や夫婦の価値観などから子どもをもたない／もてないケースもあるでしょう。「家族」というと父親と母親とその子どもからなるものというイメージがあるかもしれませんが、こうした規範的な家族像は近代になって形成されたもので、実際には多様な家族の形があるのです。同性カップルもそのうちのひとつと考えられるでしょう。

子どもをもたない同性カップルの結婚は、少子化の観点から認められるべきではないという人もいるかもしれません。しかし、国・地域によっては、生殖医療技術などで子どもをもつ同性カップルが実際にいます。日本にも、同性カップルで子育てをしている家族が既にいます。たとえば、二〇一六年に大阪市で男性カップルの里親が誕生したことが話題となりましたが、同性カップルによる子育てはさまざまな形でなされています。また、同性婚を認めると少子化が加速するという意見もしばしば見受けられますが、これを明確に示すデータはありません。同性婚を認めた国の出生率は上がったところもあれば下がったところもあり、同性婚の法制化と少子化の因果関係は確認できていません。

このように、同性婚の話となると、子どもを絡めて反対する意見がよくみられます。

同性カップルを親にもつ子どもはいじめられるからかわいそうという人もいます。しかし、それは異性愛を前提とした差別的なまなざしをもつ学校や周囲の大人、社会側の問題であり、同性間の子育てが咎められる理由にはならないのではないでしょうか。異性愛を「正常」、同性愛を「異常」とする社会のなかでつくられてきた制度やルールをもう一度考えてみませんか。

そもそも、なぜ同性婚を求める声があがっているのでしょう。日本では法的婚姻関係にあることで、行政のサービスを受けられる権利が保障されることが関係しています。たとえば、所得税の配偶者控除や第3号被保険者制度、遺族年金の受給、相続権、育児・介護休業制度などがあげられます。

異性カップルであれば、事実婚（内縁状態）であってもほぼ同等の権利が保障されますが、同性カップルの場合は認められません。また、同性カップルは緊急時の医療行為の同意や面会ができない、2人の住居の賃貸契約などが認められにくいといった生活面での困難も抱えています。

渋谷区などの条例では、同性カップルにパートナーシップを認め、病院での面会や賃貸契約などについても、男女の婚姻関係と同等に扱うことを求めています。これに反する行為がある場合、区は是正勧告をすることができるよう定めていますが、法的拘束力はなく配偶者控除などを認めるものでもありません。そもそも、医療行為の同意や面会などを特定の制度上の関係に限定するという発想自体にも問題があるといえるかもしれません。家族でも面会したくないとか、親友にそばについていてほしいなど、本来は個人の自由な選択が尊重されることが望ましいといえるでしょう。

実は、セクシュアル・マイノリティやフェミニストのあいだでも同性婚の法制化にはさまざまな議論があります。結婚という制度に包摂されることを「異性愛規範性《ヘテロノーマティヴィティ》へのの忍びがたい屈服」（Weeks 2007=2015: 287）と考え、婚姻制度を多様な性の関係性のなかに排除をもちこむ装置としてとらえる人びとは、同性婚の推進に必ずしも賛成というわけではありません。すなわち、異性愛を頂点としてセクシュアリティのヒエラルキーをつくる婚姻制度自体を批判する考え方があるということです。同性婚が推進されるとき、どのような同性愛者が認められ、どのような同性愛者が認められないことになるのか、これらの点についてもさらなる議論が必要であるとわたしたちは考えています。

一方、同性婚の法制化は同性間の権利保護・保障にとどまらず、同性カップルの社会的な受容と承認を後押しすることにもつながります。ジェフリー・ウィークスは同性婚の法制化とは「承認をめぐる闘争のひとつの形態」だと述べています（Weeks 2007=2015: 331）。同性婚をきっかけとして、同性愛者にたいする排除や差別が是正されることになるかもしれません。さらに、これが多様な家族の受容の契機ともなり、現在、社会が認めている関係以外にも、保護や保障を必要とするさまざまな関係や人びとが存在することを顕在化させることにもつながる可能性もあるでしょう。

ここまでみてきたように同性婚の法制化をめぐっては、さまざまな立場や意見があります。いろいろな角度から考えてみましょう。（山本）

参考文献

▼Weeks, Jeffrey, 2007, *The World We Have Won: The Remaking of Erotic and Intimate Life*, London and New York: Routledge.（赤川学監訳『われら勝ち得し世界――セクシュアリティの歴史と親密性の倫理』弘文堂、二〇一五年）

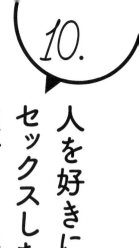

10.

人を好きになったり セックスしたくなったりするのは 誰でも自然なことだよね？

HOP

人に性的感情を抱かない「アセクシュアル」や恋愛感情を抱かない「アロマンティック」*1の人もいます。人を好きになること、セックスしたいと思うことはかならずしも自然な感情ではないのです。

STEP

アメリカでは二〇〇一年にウェブサイト「Asexual Visibility and Education Network（AVEN）」ができ、アセクシュアルなどの情報が手に入るようになってきました。日本ではLGBTという言葉こそ広まりつつありますが、「アセクシュアル」、「アロマンティック」は聞いたことがないという人も多いのではないでしょうか。認知度が低いからこそ理解を得られず、「まだ運命の人と出会っていないないだけ」、「まだ本当の恋を知らないから」といわれてしまうこともあります。しかし、それはアセクシュアルを自認する人びとにとっては余計なお世話です。また、こうした認識が「本当のセックスを知らないからだ」などと、アセクシュアルにたいする性行為の強要、性暴力につながるということも起きています。

とはいえ「絶対に恋愛感情を抱かないかどうかはわからないのでは」と思う方もいるでしょう。ここで重要なのは、そもそも「アセクシュアル／アロマンティック」という言葉自体、「絶対に性的感情／恋愛感情をもたない」という意味ではないということです。アセクシュアル／アロマンティックのなかには、他人にたいして性的感情／恋愛感情やそのような感覚を抱いたことのある人もいます。これまでの経験や今後の可能性については問わない場合もあるのです。

それなら「自分もアセクシュアル／アロマンティックかも」と思った方もいるかもしれませんね。一方で「アセクシュアル」や「アロマンティック」がしっくりこない方もいるでしょう。前述のAVENのようなコミュニティでは、今もさまざまな言葉が生まれています。性的感情をもつ人ともたない人の中間を自認する「グレーセクシュアル」、既に強い絆を築いている人にのみ性的感情をもつ「デミセクシュアル」、恋愛感情はあるが両思いになりたくないという「リスロマンティック」……。また、日によって、時期によって、度合いが変わる人もいます。

それでもなお「そうはいってても人を好きになったりセックスしたりするのが普通だ」と思うかもしれません。では、逆に、なぜ恋愛やセックスをするのが当たり前だと思うのでしょうか。そこには「恋愛やセックスをしなければいけない」という思いこみがあるのではないでしょうか。「パートナーがいないと将来が不安だし、そのためには恋愛が必要なのでは」という意見もあるでしょう。しかし、パートナーとの関係はセックスをともなう恋愛関係じゃないとダメなのでしょうか。そもそも特定のひとりと生涯一緒にいなければならないのでしょうか。

「セックスは愛の証」と思う方もいるでしょう。でも、親しい人のなかでも、セックスしたいと思わない場合はありますね。その人にたいしては愛情がないのでしょうか。人と人との関係はけっして恋愛関係、性的関係だけではありません。一度立ち止まって、人との関係について考え直してみませんか。

ステップでみたように、恋愛やセックスを絶対視することから抜けだすことは難しいようです。それはなぜでしょうか。その背景のひとつ[*2]には「ロマンティック・ラブ・イデオロギー」があるといわれています。これは

「一生に一度の相手と恋に落ち、結婚し、子どもを産み育てる」という物語のことを指します（千田ほか 2013:39）。このイデオロギーのもとで、結婚（≠生殖）と愛、性と愛が結びつけられてきました。

しかし、ロマンティック・ラブ・イデオロギーは不変で自明のものというわけではありません。近代化以前、妻は労働力であり子どもを産む存在とみなされてきました。これが「性＝生殖」の時代です。結婚は性と生殖を結びつけるものにすぎず、愛は結婚に不可欠な要素ではありませんでした。その後、近代になり、階級の標準化や産業化にともなう若者の人口移動が起きると、親元から自由になった若者による恋愛結婚が増加します。これが「性＝愛」の時代です。「結婚には恋愛が必要」というのはまさにこの考えを反映しているといえます。こうした流れを経て、愛、性、生殖は結びつきました。戦後日本では、若者の自由化に加えて当時の皇太子成婚による一九五〇年代末のミッチーブームも恋愛結婚の増加を後押ししたといいます。こうして日本でも、ロマンティック・ラブ・イデオロギーが人びとのあいだに浸透していきました（瀬地山 1997）。

さて、ここからは日本におけるロマンティック・ラブ・イデオロギーの変化について考えましょう。瀬地山角（1997）はこの変化を「性と結婚」、「性と愛」の２点から解説しています。

まず、性と生殖については、性が結婚の外に出ることが支持されるようになりました。ＮＨＫ放送文化研究所の「第９回『日本人の意識』調査」（二〇一三年）によると、婚前交渉について、50・８％が「愛情があれば可」、「無条件で可」と回答しています。第１回調査（一九七三年）では22・３％だったことを考えると、たしかに結婚の外で行われる性行為への抵抗感は減っているようです。

しかし、性と愛を結びつける考えは強く残っています。前述の調査でも婚前交渉は「無条件で可」と回答したのは４・６％であり、第１回の３・３％から大きく変化したとはいえません。こうした愛と性を結びつける考えが「セックスは愛の証」という言葉につながっているのです。

愛と結婚、愛と性の結びつきを当然視することは、多様な人間関係を制限します。友達との関係、性的感情をともなわないパートナーとの関係、入籍しないパートナーとの関係……。たくさんの関係が「性的感情と恋愛感情をもつパートナーとの関係」より下位のものと扱われかねないのです。もちろんひとりでいることも尊重されてしかるべきです。にもかかわらず、「人を好きになって／セックスして／結婚して当たり前」という規範を内面化し、苦しむ人びとがたくさんいます（↓Q24）。

わたしたちは、恋愛関係や性的関係だけが親密な関係ではないということを忘れずにいたいと思っています。恋愛やセックス、結婚をしなければいけないという社会の圧力や思いこみから距離をとってみませんか。（川平）

＊1　日本語では「エーセクシュアル」や「エーロマンティック」ということもあります。

＊2　フェミニズムの性解放運動やゲイ・ムーブメントのなかでは、主体的に恋愛やセックスを楽しむことがよしとされたために、それ自体が規範化されてしまったという側面もあります。

参考文献

▼瀬地山角「愛と性の二段階革命——恋愛と結婚の近代」（大庭健・鐘ヶ江晴彦・長谷川真理子・山崎カヲル・山崎勉編『シリーズ性を問う1　原理論』専修大学出版局、一九九七年、所収）177-210。

▼千田有紀・中西祐子・青山薫『ジェンダー論をつかむ』有斐閣、二〇一三年

11.

日本はＬＧＢＴに寛容な国だよね？

HOP

最近の「ＬＧＢＴブーム」で日本が寛容にみえるかもしれません。実際のところ社会の認知は広がったかもしれませんが、セクシュアル・マイノリティに無関心な人がまだまだ多くいるのが現状です。

STEP

「東京レインボープライド」という、セクシュアル・マイノリティのためのイベントが行われている渋谷区は、二〇一五年に同性パートナーシップ条例を制定しました。しばしば先進的な事例として評価されていますが、この条例を他国のパートナーシップ制度と同じものとして評価するのには留保が必要です。まず、法的拘束力がほとんどなく、渋谷区の条例なので効力も区内に限定されます。札幌市など、渋谷区以外の自治体でもパートナーシップ条例の導入が進みつつありますが、その影響力は限られたものなのです。

また、「LGBTトイレ」の設置をもって、日本はLGBTに寛容な国だとする主張もありますが、そのような判断は早計ではないでしょうか。必要なのはトイレを性別やセクシュアリティで区分するのではなく、性別やセクシュアリティによらずに誰もが使うことのできるトイレを増やしていくことでしょう。「LGBTトイレ」のように使用者を「囲いこむ」ようなやり方は、「普通の」男／女とは異なる存在として「LGBT」をくくりだしてマークづけすることになります。このようなトイレの設置は、従来の性別でわけられたトイレに違和感をもつ人びとの声を十分に反映させて登場したものとはいえません。そのような人びととともに、すべての人にとって望ましい形の設備を考えていくことが必要です。

日本がLGBTに寛容な国であるという例として、同性同士の結婚式があげられることもあります。しかし、二〇一五年に東京ディズニーランドで同性パートナーと結婚式をした東小雪さんは、そのためにたくさんの努力をしなければならなかったようです。はじめて、問いあわせをしたときには、一般客への視線を気にして「どちらかが異性にみえる服装」をするよう要請されたといいます。東さんはこの要請に抵抗し、本社に連絡を取ることで、男装することなく結婚式を挙げることができました。一見華々しい東京ディズニーランドでの挙式ですが、実現にはさまざまな困難があったことがわかります。

同性愛にかんしていえば、たしかに、日本には同性愛を違法として処罰の対象とするような法律はありません。しかし、同時に同性愛差別を禁止して保護するような法律や、結婚やパートナーシップとして法的に保障する制度もないのです。このため、国レベルで同性愛者にたいする差別的な言動を禁じることはできず、病院での面会や住居の賃貸契約などもかないません（↓Q09）。日本において同性愛者とは法の死角に存在する人びとであり、保護の対象からこぼれおちたマイノリティなのです。

また、同性愛者を処罰する法がないからといって、社会のなかで同性愛者を排斥する状況がないというわけではありません。たとえば、一九八〇年代に日本でエイズが広がってパニックになったさい、厚生省（当時）の統計や説明では、男性同性愛者がエイズ蔓延の原因とされ、社会的な排斥の対象となってしまいました。そして今なお、学校や職場などで同性愛者であることを理由にいじめられたり、左遷・解雇されたりするという事態も発生しています。このように考えてみると、日本が同性愛者に寛容な国だとはいい難く、制度的な無視や、歪んだ理解が問題としてあることがわかります。

一方、トランスジェンダーについていうと、未成年の子どもがいないこと、結婚していないこと、そして手術によって生殖機能を除去していることなどが法的な性別変更の要件とされています。トランスジェンダーの人びとのなかにも手術を望む人と望まない人がいるなかで、手術を必須条件とすることは、国家による人権侵害といえるでしょう。生殖能力の喪失を強要する制度は、社会の多数派に属する人びとにとって快適な秩序を守ろうとするものであり、性別変更を望む人びとの声を無視しているといわざるをえません（↓コラム２）。

海外に目を向けてみると、ノルウェーではインターネット上で自分の性別を変えることができるようになりました。未成年の子どもの有無や生殖能力の有無とは関係なく、自分自身が自認する性別を選ぶことができるということです。また、アメリカのマサチューセッツ州では運転免許の性別変更を届け出る申請書があり、手術の証明書などの提出はいりません。こうした事例と比べてみると、日本がはたしてトランスジェンダーに寛容な国であるといえるのか疑問がわいてきます。

最後に、教育のなかでＬＧＢＴはどのように扱われているのでしょうか。『文科省／高校「妊活」教材の嘘』という本では、日本の教育課程のなかで同性愛がいかに不可視化され、無視されてきたかが詳細に書かれています（大塚 2017）。日本がＬＧＢＴの人びとを無視したり、歪曲化したりするのではなく、彼ら／彼女らとともにある真に寛容な国となるためには、学校教育において偏りのない知識をすべての人びとに教えることが必須ではないでしょうか。（パク）

参考文献

▼大塚健祐「隠蔽される差別と、セクシュアル・マイノリティの名ばかりの可視化」（西山千恵子・柘植あづみ編『文科省／高校「妊活」教材の嘘』論創社、二〇一七年、所収）121-34.

12.

友達だと思ってたのに告られた……誰かに相談していい？

HOP

告白してきた友達はあなた以外の人にセクシュアリティをオープンにしていますか？　そうでなければ、好意の告白と同時にセクシュアリティのカミングアウトをされたことになります。それぞれ整理して考えてみましょう。

STEP

これまで誰にもいってこなかった自分の秘密を自分の意志で話すことを「カミングアウト」といいます。「カミングアウト」はもともとcoming out of the closetを略したもので、ここでの「クローゼット（押し入れ）」とは、自分のセクシュアリティを隠している状態のことを指します。反対に自分のセクシュアリティを公表している状態のことは「オープン」といいます。人によっては、自分の

12. 友達だと思ってたのに告られた……誰かに相談していい？

セクシュアリティを秘密にせず他人に打ち明けることが、自分自身を肯定する意味あいをもつことになります。

一方、「アウティング」という言葉があり、これは、他人の秘密を本人の許可なく別の人にいうことです。家族や友達、知り合いが自らのセクシュアリティをあなたに告げた場合、もしくは偶然知ってしまった場合などに、アウティングをするとどういったことが起こると考えられるでしょうか。わたしたちの社会では、今なお多くのセクシュアル・マイノリティが「普通でない」と烙印を押され、大きなリスクを負う危険性をもつため、場合によっては命を奪われたり社会的な死に追いやられたりすることもありえます。誰かからカミングアウトされた場合には、他に誰に伝えているのか、誰に伝えていいのか、本人に確認することが必要でしょう。

今回のように告白された場合には、同時にセクシュアリティをカミングアウトされたことになるので、それにそった適切な対応をする必要があります。もし、告白してきた本人に確認することなく告白された事実やその人のセクシュアリティを第三者に話してしまうと、それはアウティングとなってしまうことに十分注意しましょう。

二〇一五年に一橋大学では、ある男子学生がアウティングを経て亡くなるという痛ましい事件が起こりました。ご遺族の提訴にさいして報じられた事件の概要は次のようなものでした。男子学生Aは、友人の男子学生Bに恋愛感情を抱き、告白しました。Aが同性愛者であったことをその時点で知ったBは、Aからの告白を断り、友人関係を継続することを伝えました。その後、Bが同級生のLINEグループでAのセクシュアリティをアウティングしたことから、Aは心身に不調をきたし、大学側の十分なサポートを得られないまま、大学構内で転落死しました（渡辺 2016; 弁護士ドットコム 2016）。相手方の男子学生とは和解が成立しましたが、大学への損害賠償を求めた裁判では、大学の責任は認められませんでした。ただし判決で、アウティングは「人格権の侵害」と認定されています。この事件には、友人を含む周囲の人びとや大学側に、セクシュアル・マイノリティの抱える問題にたいする知識の不足や適切な体制がなかったことが大きくかかわっているといえるでしょう。

　周囲の偏見や無関心、異性愛者であることを自明視する空気、すべての人が安全に生活できる環境を整えようとする制度的な意志の欠如が、人を死に追いやってしまうことがあることを、わたしたちは衝撃をもって受け止めました。たとえ死にいたらずとも、社会的死につながりかねない無自覚な言動などを学内外で見聞きすることはあ

ります し、場合によっては、無意識のうちに自分自身が加害の側にまわってしまっていることがあるかもしれません。二度とこのような事件が起きないようにするために、自身や周囲の日々の言動を見直し、誰もが心地よく暮らせる環境づくりに向けて、学校や組織の制度を改めて点検してみることが必要だと思います。

カミングアウトされたさいの適切な対処法などについて理解しておくことはもっとも重要です。一橋大学でのアウティング事件が報道されたさい、ネット上などでは告白された側の学生の行為に共感し、肯定する声が多くみられました。しかし、セクシュアル・マイノリティをめぐる日本の状況を考えると（↓Q11）、アウティング行為はけっして許されるものではありません。それではカミングアウトされた場合、どのように対応すればよいのでしょうか。遠藤まめた（2016）に依拠しながら重要な点を確認していきましょう。すでに何度も述べていますが、絶対にやってはならないことは本人の同意なく、第三者に性的指向や性自認のことなどを話してしまうことです。当事者がカミングアウトする理由はさまざまであり、また、誰にでも話せることではなく、相手を信頼しているからこそ打ち明けているといえます。本人がなにを望んでいるのか、どうありたいのかをよく聞いて、カミングアウトの内容を誰に話し誰に話さないかということについては本人の意思を尊重しましょう。

しかし、こういわれても、セクシュアル・マイノリティについてよく知らないからどうしていいのかわからなくなってしまうという人もいるかもしれません。もしあなたがセクシュアル・マイノリティにかんする知識に乏しかったとしても、目の前の相手にたいして真摯に向きあうことは可能なはずです。知らなくても、わかろうとし、一緒に考えてくれる他者がいるかどうかでセクシュアル・マイノリティの人たちの自己肯定感は大きく変わります。試行錯誤することや悩むこと、そのプロセス自体に意味があるのです。同時にセクシュアル・マイノリティにかんする書籍を読んで情報収集をしたり、カミングアウトを受けた家族の自助グループなどにアクセスしたりするのもよいでしょう。それらを通じてセクシュアル・マイノリティにたいする理解が深まったり、同じような体験をした他者の話を聞いて冷静になれたりするはずです。

それでももし、自分ひとりではどうしていいかわからないという場合には、アウティングを避けるためにも匿名性が守られている外部の機関に相談しましょう。たとえば、さまざまな悩みに寄りそって話を聞いてくれる電話相談窓口「よりそいホットライン」では、性別や同性愛などにかかわる相談を匿名で24時間無料で受けつけています（よりそいホットライン☎0120-279-338）。カミングアウトやアウティングについて、身近に信頼できる相談相手がいなければ、こうした専門の機関を利用してみてください。

（松永・児玉谷）

参考文献

▼弁護士ドットコム「『同性愛だと暴露された』転落死した一橋法科大学院生の両親、同級生を提訴」、弁護士ドットコムホームページ（https://www.bengo4.com/c_23/n_4974/）、二〇一六年
▼遠藤まめた『先生と親のためのＬＧＢＴガイド――もしあなたがカミングアウトされたら』合同出版、二〇一六年
▼渡辺一樹「『ゲイだ』とばらされ苦悩の末の死――学生遺族が一橋大と同級生を提訴」BuzzFeed Japan ホームページ（https://www.buzzfeed.com/jp/kazukiwatanabe/gay-student-sued-hitotsubashi-university）、二〇一六年

column.2

多数派の人たちの幸せは？

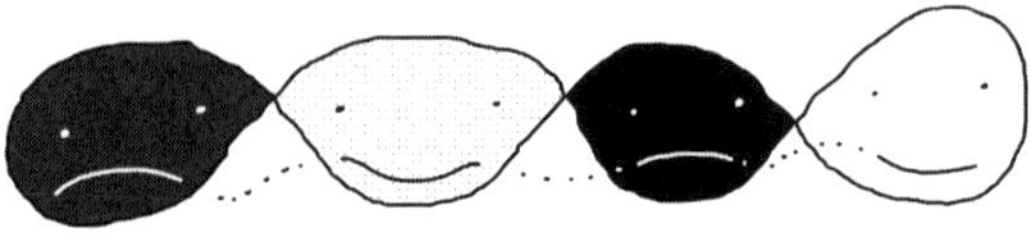

「ジェンダーを学んでる人ってマイノリティのことばっかりいうけど、多数派の人たちの幸せはどうなるの？」――このような言葉を投げかけられたことはありますか？

「マイノリティ」は日本語に直訳すると少数者。でも、単に数のうえで少数の人びとを意味するのではなく、差別などによって社会的に弱い立場におかれている人びとのことを意味します。「マイノリティである女性」という言い方を聞いたこともあるでしょう。「マイノリティ」と称される人びとはあなたが考えているよりずっと多いかもしれません。

では、これだけ多様な人びとが生きている社会を、「マイノリティ」と「多数派」という二つにきれいにわけることはなにを意味するのでしょうか。

「多数派」と呼ばれる人は、本当にあらゆる差別的構造のなかで「抑圧される側」にはおらず、つねにマジョリティなのでしょうか。「マイノリティ」と呼ばれる人は、本当に人より特権的な部分がいっさいない人たちなのでしょうか。そのように、二項対立を想定して自分を絶対的な「多数派」であると自明視すると、「マジョリティがマイノリティに手を差し伸べる」という構図のなかで「わたしたちの幸せは?」と思ってしまうのだと思います。わたしにとって、ジェンダー研究とは、そのような上下関係にもとづいた固定的な二項対立のなかでの「幸せ」を問うことよりも、その二項対立から脱却し、特定の人びと・特定のことがらにおいて「マイノリティ/多数派」が生じる状況を問題化し、そこからみえる規範や抑圧からの解放がどのように可能であるのかを考えようとしている学問です。

特定の人びとを「助けてあげる」とか「優遇・優先する」というのではなく、まずは自分が誰かを傷つけたり排除したりしている可能性を認識すること、特定の人びとが声をあげにくい状況におかれているのはなぜなのか考えること。差異を認識しながらさまざまに異なる他者と連帯していくことこそ、みんなで「幸せ」になるための重要な姿勢のひとつかもしれません。(渡部)

第三章

フェミニズムって怖いもの？

「フェミニズム」と聞くと、どんなイメージを持ちますか？
ジェンダーについて学ぶ前のわたしたちにとって、
「フェミニズム」は「よくわからないけれど怖いもの」でした。
でも、なぜそのように思ってしまうのでしょう。
この章では性差別的なＣＭやミスコンへの問題提起などを手がかりに、
「過激なフェミニズム」といったステレオタイプを問い直していきます。
わたしたちと一緒に、「フェミニズム」について考えてみませんか？

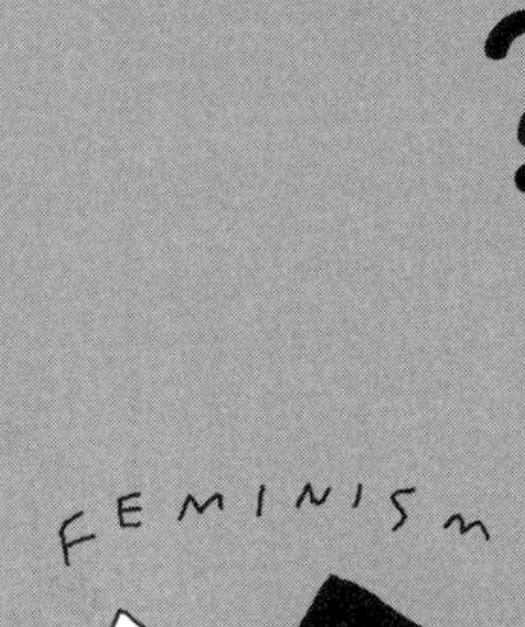

13. フェミニズムって危険な思想なんでしょ？

フェミニズムとは性別を理由とした差別の是正、差別からの解放をめざすものであり、けっして危険な思想ではありません。誤解があるかもしれませんので、この機会に一緒に学んでみませんか。

そもそも「フェミニズム＝危険」という発想はどこからくるのでしょうか。辞書を開いてみるとそのヒントとなるものがみえてきます。『広辞苑』（第6版）で「フェミニズム」という言葉をひくと、「女性の社会的・政治的・法律的・性的な自己決定権を主張し、男性支配的な文明と社会を批判し組み替えようとする思想・運動。女性解放思想。女権拡張論」とされています。この「組み替えよ

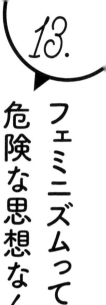

うとする」という言葉からは、「男性支配」を「女性支配」へ転換させようとしているといった含みを感じる*1かもしれませんね。それでは海外の辞書にはどのように記されているでしょうか。イギリスのThe Concise Oxford Dictionary of Current English（9th ed.）には「性別間の平等にもとづく、女性の権利をサポートする理論や運動」とあり、他の英語辞典をみても、「組み替えようとする」と訳せるような説明はありません。

次に、『広辞苑』の「女権拡張論」という定義を考えてみましょう。たしかに第一波フェミニズムと呼ばれた時代には、参政権や財産権など女性の法的な権利の獲得がめざされましたので、これを間違いということはできません。しかし、フェミニズムの運動は女性が男性よりも強い権利をもつことを求めてきたわけではありません。男性に与えられていたにもかかわらず、女性に与えられずにいた権利を獲得する運動がフェミニズムの出発点です。ですから、「女権拡張論」を、女性が男性よりも大きな権利を獲得するものとイメージして危険な思想と考えるのは適切な理解とはいえないのです。

さらに、性教育へのバッシングからフェミニズム批判を展開し、「フェミニズムは家庭崩壊を推進している」などと記した保守派論客による著作もあります。辞書のなかではそのような説明はどこにも含まれていませんが、フェミニズムをよく知らない人にとって、こうした言説が「フェミニズムは危険な思想」と思わせる一因となっていることもあるかもしれません。

このように、フェミニズムの実像から乖離したイメージが「フェミニズム＝危険」という誤解を生んでいる可能性があります。わたしたちは、フェミニズムがめざしているのは「性別を理由とした差別の是正、差別からの解放」だということをここに確認しておきたいと思います。

ここで、さらに、「フェミニズム＝危険」という発想にいたる経路と、それにたいする研究者の反論をとりあげてみましょう。

まず、「フェミニズム＝危険」と考える人はジェンダーフリーや男女共同参画社会の実現を共産主義と結びつけ、左翼革命だと批判する傾向があるようです（浅井ほか編 2003）。わたしたちのなかにもジェンダー研究を学んでいることから「赤色の思想警察」などと揶揄された経験をもつ者がいます。実際には、社会主義やマルクス主義が浸透していた旧ソ連や東欧諸国においても、性差別は存在しました。たとえば、ベルリンの壁崩壊以前、これらの国において、女性の政治的代表は20％程度にすぎませんでした。同時期に北欧やドイツ・イギリスが20％の壁を突破したことを考えても、フェミニズムと社会主義、共産主義が深いつながりにあったとはいい難いでしょう。フェミニストたちのなかに社会主義や共産主義に惹かれた女性たちがいたことは事実ですが、彼女たちは単純にその思想を理想として崇めたわけではなく、性差別の克服の方途を探ろうと格闘したのです。

たとえば、フェミニズムの潮流のひとつとして「マルクス主義フェミニズム」という立場があります。この立場の真意はマルクスの労働価値説を拡大することで、それまで無償だった女性のケア労働に賃金を与え、それによって女性を抑圧から解放しようとすることにありました。古典的なマルクス主義者は既存の性別役割分業を忠実になぞるものであり、ケア労働の価値を認めるものではなかったのです。ここからも、「性別を理由とした差別からの解放」をめざすフェミニズムと、マルクス主義が異なる思想であることがわかるのではないでしょうか。

「フェミニズム＝危険」と思われる背景には言葉の解釈の問題と、「現代のレッド・パージ」（浅井ほか編 2003:44）とも呼ぶことのできるような社会主義・共産主義とのこじつけの問題が潜んでいます。こうしたフェミニズムへの誤解や、フェミニズムを利用した共産主義批判、あるいは逆に共産主義を用いたフェミニズム批判に惑わされるのではなく、フェミニズムが「本当にめざしているもの」はなにかを再確認してみると

よいでしょう。（平松）

＊1　こうした違和感を表明する若手フェミニストの声に応えてか、『広辞苑』第7版の定義は「男性支配的な文明と社会を批判し組み替えようとする」の部分が「性差別からの解放と両性の平等とを目指す」に変わっています。

参考文献

▼浅井春夫・北村邦夫・橋本紀子・村瀬幸浩編『ジェンダーフリー・性教育バッシング――ここが知りたい50のQ＆A』大月書店、二〇〇三年

14.

どうしてフェミニストはＣＭみたいな些細なことに噛みつくの？

ＣＭの描写は多くの人びとから「理想的」、「当然」とみなされ、問題点が無視されたり、その像から外れたものを否定する考え方が蔓延したりする恐れがあるからです。繰り返し放送されるＣＭの影響力は大きく、けっして「些細なこと」とはいえません。

「ＣＭの影響力は大きい」といわれても、ピンとこない方も多いかもしれません。たしかに、1つのテレビＣＭの時間は約15秒～30秒と短く、1時間番組の総計は10分程度でしょう。しかし、テレビＣＭはさまざまな番組で、同じ内容が繰り返し放送されます。メディア媒体が増えた現代では、インターネット

でも広告を目にするようになりました。特定の情報が繰り返し流され続ければ、無意識のうちにその映像や内容が記憶されてしまいます。わたしたちは、CMの影響力はけっして些細なものとはいえないと思っています。

なぜ、些細なものとすませることができないのか、実際に放送されたCMを題材に考えていきましょう。なお、声をあげてきた人びとはかならずしもフェミニストとは限りません。一般の消費者が積極的に意見を交わすことも数多くあります。

1つめの例が、二〇一七年に放送されたユニ・チャームのおむつ「ムーニー」のCMです。このCMは、育児に孤軍奮闘する母親を描いており、最後に「その時間が、いつか宝物になる」という字幕が出るという内容のものでした。このCMのなにが問題なのでしょうか。それは、最後のコピーからわかるとおり、「母親がひとりだけで育児をする」という「ワンオペ育児」を理想的なもの（長い目でみればよいもの）として描いている点です。ひとりで育児負担を負うという「ワンオペ育児」が、とりあげるべき問題ではなく尊ぶべき美談として位置づけられることで、これを担う母親の精神的、体力的負担がみえなくされてしまっているのです。

2つめの例が、二〇一七年「ENEOSでんき」のCMです。これは、主婦が自由に使えるお金を増やすために「安い電気に替えるか、稼ぎのよい夫に替えるか」と話す内容になっています。このCMの問題点はなんでしょう。それは「稼ぎのよい夫に替えるか」という言葉でわかるとおり、「夫が稼ぐ」ことを当然視し、「夫（＝男性）は稼いでなんぼ」という意識を肯定している点です。このような意識は、男性に稼ぎ手としての役割を当然のものとして無批判に押しつけ、期待されるほどの収入をもたない男性たちを否定することにもつながりかねません。

前述した2つのCMは実際に多くの批判を受けることとなりました。このように、CMが批判されるのは、描かれたありかたが理想的・当然とされ、その問題点が無視されたり、その像から外れたありかたが否定されたりするおそれがあるときです。このようなCM批判はジェンダーだけではなく、人種・エスニシティ・階級などの観点からも行われています。

学問の世界でもマスメディアにたいする批判は行われてきました。たとえば、女性学では、メディア表現が生活の場における男女のありかたを規定することについて、固定的な性役割（＝男らしさや女らしさ）、性別役割分担（「男は仕事、女は家庭」など）、性的な対象としての女性描写という観点から批判をしています（国広・斉藤 2012）。ステップであげた「ムーニー」や「ENEOSでんき」のCM

は、性別役割分担を固定化している点で問題があるのだといえるでしょう。「ムーニー」では母親が一手に家庭内の労働（この場合は育児）を担っていること、「ENEOSでんき」では夫が仕事での働き（この場合は収入）を求められることを肯定し、「男は仕事、女は家庭」という役割分担意識を強化しているからです。

最後に、CMや広告の内容について議論が起こることの重要性について考えてみましょう。ひとつの広告の例をあげてみます。レインコートを着た女性が後ろ手に縛られて倒れている写真とともに、キャッチコピーは「五大陸の男と関係アリ」――これは、一九九二年のオンワード樫山「五大陸」のポスター広告です。レイプを思わせる広告が、気軽に使われていた時代がそう遠くない過去にあったのです。しかし現代では、なんの政治的意図もなくこのような広告がつくられることはまずないでしょう。これは、一九七〇年代から展開されてきた女性たちのCM・広告への抗議運動の成果であるといえます。CMや広告にたいして「おかしい」という声があがること、そして議論になることは、不特定多数の人びとの目や耳にふれ、影響力の大きいCMや広告が、より多くの人びとに受け入れられるものとなるには重要なことでしょう。

制作の現場でもさまざまな取り組みが進んでいます。たとえば、P&Gの生理用品CMキャンペーン「Like A Girl」。若い男女に「女の子らしく走って」、「女の子らしく投げて」と動作を要求すると弱々しく応えるのにたいし、幼い少女たちは全力の動作で応えたという内容になっています。つまり、一般に理想的あるいは「こういうものだ」とされている「女の子らしさ」にたいして、当事者である少女たちの姿を通して疑問を投げかけるキャンペーンです。このCMは広告業界の世界的な賞を受賞するなど話題になりました。

以上のとおり、CM・広告をめぐる批判・議論は、よりよい宣伝を考えるうえでも重要なものだといえます。そうした批判・議論に耳を傾けながら、制作の現場で展開されているさまざまなよい取り組みを応援していきましょう。（井戸）

参考文献

▼国広陽子・斉藤慎一「メディアとジェンダー研究」（国広陽子・東京女子大学女性学研究所編『メディアとジェンダー』勁草書房、二〇一二年、所収）1-28.

15. どうしてフェミニストは萌えキャラを目の敵にするの？

多くの批判は「萌えキャラ」への嫌悪感で目の敵にしているというよりも、その表現の意味を問題にしています。特に公的な機関が萌えキャラを使うことがどのような影響を与えることになるのかは注意深く考える必要があるでしょう。

フェミニズムが「萌えキャラ」を敵視しているといわれるきっかけになった事例のひとつに三重県志摩市の「碧志摩メグ」をめぐる騒動があげられるでしょう。志摩の海女をモチーフにしたキャラクターで、かわいい海女をめざす17歳の少女というのが「碧志摩メグ」の設定でした。二〇一四年には志摩市

から公認され、地元の公共施設などにポスターやパネルが掲示されました。胸元が強調され、地面にペタンと座っている姿には、「女性蔑視的で海女への侮辱である」、「性を強調する描き方である」などと女性からの苦情が相次ぎ、二〇一五年十一月には公認を撤回されました。

女性の性的な表現が公的組織から公認を受け、公共施設に掲示されることには、次のような問題があります。まず、性的な表現が公認を受けるとは、公の「お墨つき」を得ることであり、あたかもそのような性的なありかたが推奨されているように思われてしまうでしょう。そして、公共施設に性的な表現が掲示されれば、子どもを含めた不特定多数の目にはいってきます。本人が目にしたくない性的なものを見させられてしまうことは、広義のセクハラであるといえるでしょう。公的施設はすべての利用者にとって安心できる場であるべきであり、その場所に性的な表現があることの影響力は重大です。女性ばかりが性的な視線を向けられる現状にあって、行政機関が女性の性の商品化を行ってはなりません。萌えキャラの利用の背景には、行政機関が低予算で最大の効果を求める風潮があります。しかし、女性の性的なイメージを利用しても構わないとする認識や社会の構造は正されるべきでしょう。

わたしたちは問題がすべて萌えキャラにあるとは考えていません。問題は萌えキャラの一部がもつ性的な表現にあるのであり、すべての萌えキャラが性的な文脈におかれているわけではありません。「碧志摩メグ」のような萌えキャラも、「萌え」という文法（たとえば、特徴的な瞳の表現など）に則りながら性的な表現を排すことで公的表現にふさわしいキャラクターにしあげる余地は十分にありえたのではないでしょうか。

　フェミニストは萌えキャラを敵視していると思われがちですが、実は、フェミニズムの立場から「萌え」をポジティブに評価しようとする論者もいます。萌えアニメの代表的なものとして「ラブライブ!」、「ガールズ&パンツァー」というアニメがあります。佐倉智美はこれらの作品を、1自立した女性キャラの主体性、2女性ホモソーシャルな親密性、3女性によるリーダーシップのロールモデル、4ありのままの受容と自己肯定の物語、5男性ホモソーシャル公的領域の撹乱という5つの観点からフェミニズムが評価すべきとしています（佐倉 2016）。ここで、それぞれのアニメや5つの理由を詳細に検討することはできませんが、萌えを、そのフィクション性ゆえに既存のジェンダー秩序にとらわれない新たな表現への可能性を秘めたものととらえる論者もいるのです。

　そうはいっても、公的領域にとどまらず、私的領域、つまり趣味における萌えをやはり不快に思うという人もいるでしょう。萌えキャラの姿、特に大きな胸やありえないほどくびれたウエストといった姿が規範的と思われて、実在の女性にそれを求めることがありうるかもしれないことは否定できません。実際に、バービー人形のようなスタイルに憧れて、「バービーが体現するような女らしさを受け入れられない、あるいはそうなれない少女は失望し、自分の身体に対して嫌悪感を抱くこともある」と指摘されることもあります（DeMello 2014=2017:i）。さらに、萌えキャラはたいていがかわいい女の子＝美少女であり、しぐさやふるまいも「女性的」であることが多いため、男性がそれを理想化し、女性がそのようにあるべきと求められるといった非対称な関係も孕まれています。萌えキャラを論じるさいには単なる好悪の問題ではなく、こうしたさまざまな象徴的な効果にも注意していく必要がありますね。（前之園）

参考文献

▼DeMello, Margo, 2014, *Body Studies: An Introduction*, London and New York: Routledge.（田中洋美監訳『ボディ・スタディーズ――性、人種、階級、エイジング、健康／病の身体学への招待』晃洋書房、二〇一七年）

▼佐倉智美「ラブライブとガルパンをフェミニズムが評価すべき5つの理由」（http://stream-tomorine3908.blog.so-net.ne.jp/2016-04-09_GP-LoLv-5）、二〇一六年

16. どうしてフェミニストはミスコンに反対するの？

女性を容姿で判断する風潮を強化し、女性の価値を外見的な「美しさ」と結びつけてしまうことを助長する恐れがあるからです。ミスコンの問題は、女性を美の対象とする他の問題ともつながっています。

まずは日本におけるミスコンの歴史からみていきましょう。ミスコンの研究によれば、そのはじまりは、一八九一年七月、高塔「凌雲閣《りょううんかく》」（通称：浅草十二階）で行われた「百美人」という企画だといわれています。目玉だったエレベーターが運転停止になり、かわりのアトラクションとして、女性100人の写真を並べ、入場者に投票させると、これが大評判になったそうです。その後、一九

16. どうしてフェミニストはミスコンに反対するの？

〇八年の『時事新報』による「全国美人写真審査」を契機として、一般女性がコンテストに出るようになり、一九七〇年代には大学におけるミスキャンパスの選出が盛んになりました。

わたしたち学生にとっても身近なミスコンを、大学という場の特徴から考えてみましょう。芸能人やミスユニバースなど、一般的に広く対象者を募集する形のコンテストでは、出場者は自ら進んで出場することになります。芸能界に入るその時点で、自分が容姿によって判断されることは本人たちも十分に予想しうるでしょう。しかし、大学は規模の小ささもあり、「ミスコンにエントリーしてる〇〇さんかわいいよな、うちのサークルの女子はみんな冴えないから、こういう子がいたら超盛り上がるんだけどな」、「うちの学科からミスコン出るとしたら誰だ？　△△さんとかかな？」、「いやーあれは微妙じゃない？」といったように、ミスコンをきっかけに、本人が望んでもいないのに周囲が勝手に評価の対象にしてくるという問題が発生してしまいます。ミスコンは大学の学園祭の目玉企画として開催されることも多いですが、本来は容姿の美しさを競う場ではない大学に、本当にふさわしい企画でしょうか。高等教育を担うという権威をもった大学という組織のなかでミスコンを行うことは、女性たちの容姿を誰もが公に品評してもよいと認められているのだという理解を助長しかねません。実際、大学でのミスコンをめぐっては「頭のいい大学になるほど女子がブス」といった発言も横行しており、本来は容姿を競う場ではない大学で、美が重要な基準として機能し、学生個人を否定するような事態をまねいています。外見を重視して人を差別する考えのことを「ルッキズム」または「外見至上主義」といいますが、ミスコンはまさにルッキズム／外見至上主義を広めているといえるのではないでしょうか。

ステップでは大学におけるミスコンに限定して考えましたが、ここでは一般のミスコンにも議論を広げてみましょう。

ミスコンを開催することには、女性を容姿（だけ）で判断する風潮を強化しかねないという問題があります。一九九〇年に開催された「国際花と緑の博覧会」で「ミス・フラワークィーンページェント」というミスコンが開催されることに反対した女性たちは「身長や顔かたち、肌の色や形状、プロポーションといった本人の意思や努力ではどうにもならないことについて、優劣や順位をつけることは明らかに人権侵害」であると主張しました（堺市女性団体連絡協議会 [1989] 1995: 179）。

しかし、こうした「外見や容姿で人を判断してはならない」という批判は、まるで道徳教科書の文言のようなもので、性差別を告発する実践的な力はもちえないと懸念を表明するフェミニストもいます。西倉実季は、道徳的非難という形ではなく、「女性を多様な価値を有する総体としての人間として承認せず、その価値を『美』だけに還元する性差別の実践」としてミスコンを批判すべきであるとしています（西倉 2003:29）。つまり、ミスコンの開催それ自体が女性差別であることを告発すべきであるということです。さらに、「美」というものについても、そもそも誰がどのような基準でそれを測りうるのか、誰にとって「美」とされるものなのかを考える必要があるでしょう。

「ミスコンだけをやるからいけないというのなら、ミスターコンも開催すればいいじゃないか」と思う人もいるかもしれません。しかし、これは根本的な問題の解決にはなりえません。わたしたちの生きる社会では、男性と女性とで「美」について求められる度合いが異なり、女性一般の方がより厳しい容姿による評価にさらされています。このことは、たとえば、女性が化粧することが社会的なマナーとされていたり、脱毛やダイエットで「美しい」体型を保つことが男性よりも女性に求められていたりすることなどから推測できるでしょう。女性のなかにもさまざまな人がおり、容姿が優れている人もいれば、それ以外の能力が秀でている人もいるでしょう。それにもかかわらず、女性という性別を理由に、つねに容姿を重要な評価基準として女性の価値を「外見的な美」に還元しようとする現状が問題なのであり、ミスコンの開催はこの問題を助長させることと考えられるのです。これはミスターコンを開催しただけで解決されるような単純な問題ではありません。さらになぜ女性の価値が「外見的な美」に還元されるのかということを考えると、そこには男性に「養ってもらう」かわりに、男性の性の対象として「美」を求めることを強いられるという構造がみえてきます。この交換が非対称であることは、専業主婦となって男性に「養ってもらう」ことの問題点をふまえると明らかでしょう（↓Q05）。このような男女の非対称性が存在するなかで、ミスコンは、女性のみに「美しさ」を求める観念を追認する装置となりうるのです。

ですから、問題はミスコンという文脈にとどまらず、女性を美の対象とするさまざまな他の問題とも地続きであることに注意する必要があります。たとえば、女性に多い摂食障害（極端な食事制限などからくる健康問題）は、女性が「スリム」な身体でいることこそ「理想的で美しい」とされる「美」の価値規範と密接に関係している可能性があります。ミスコンというと、重要な問題として考える人はさほど多くないかもしれませんが、このように大きな枠組みでとらえてみると女性を美の対象とすることの問題がみえてこないでしょうか。

最後に「ボディポジティブ」運動についてふれたいと思います。ボディポジティブとは、「理想的で美しい」とされる価値規範に縛られることなく、体形、肌の色、身体の傷など、本来多様な、自分自身のありのままの姿を受け入れて愛しましょうとエンパワーメントする考えです。たとえばダヴは、次世代女性の自分への自信と自己肯定感を高め、その可能性の最大限の発揮を応援することを目的とした「セルフエスティーム・プロジェクト」として、二〇〇四年から世界中で「美しいを選ぼう」キャンペーンや自己肯定感を高める「大好きなわたし（Free Being Me）」教材やワークショップなどを通して取り組んでいます。

ここまで外見的な美によって人を判断することについて考えてきましたが、人種や出身地、家庭の経済力など、本人が選択できない属性やその属性と結びついたものに人間の価値を還元することは明らかな差別です。他者から規定された画一的な基準に縛られることなく、互いにありのままの多様な姿を肯定し、認めあうことのできる社会をめざしていきたいものですね。（前之園）

参考文献

▼西倉実季「ミス・コンテスト批判運動の再検討」（『女性学年報』日本女性学研究会、二〇〇三年、所収）24: 21-40.

▼堺市女性団体連絡協議会「花博『ミス・フラワークィーンページェントEXPO '90』開催

中止を要求する抗議書」、一九八九年（再録：井上輝子・上野千鶴子・江原由美子編『日本のフェミニズム6 セクシュアリティ』岩波書店、一九九五年、178-80.）

17.

フェミニストはなにかと女性差別というけど、伝統や文化も重んじるべきじゃない？

HOP

もちろん、重んじられるべき伝統や文化はあると思います。でも、なにが「伝統」や「文化」として認められているのかには注意が必要ではないでしょうか。

STEP

そもそも、「伝統」、「文化」とは、わたしたちが考えているほど自明なものでしょうか。たしかに、それらは大昔から続いていて簡単には変わらないもののように思えます。しかし、実際には「伝統」、「文化」の歴史は意外と浅く、多くが近代以降に創造されたものであるといわれています。たとえば、わたしたち大学生になじみが深い成人式も、はじまったのは終戦後です。「伝統」、「文化」が新しく創られるとき、「国家の統一のため」や「企業の戦略として」など、さまざまな理由が考えられます。「伝統」、「文化」だといわれているものを「大昔からある自明なもの」ととらえてすませずその歴史を知ると、政治的・社会的文脈のなかで変化してきた場合がほとんどであることがみえてきます。

このような「伝統」、「文化」のなかには女性差別的な枠組みで創られたものがあることには注意が必要です。相撲の「伝統」として有名な土俵の「女人禁制」はその一例です。かつては女性と相撲に強い結びつきがあり、江戸時代には女相撲が盛んに行われていました。ところが、明治時代以降、相撲の「地位向上」のために女性を排除する目的で女人禁制という「伝統」が創造されたことが明らかになっています。

以上に述べてきたとおり、「伝統」、「文化」もけっして絶対的なものではなく、そのなかにある女性差別を仕方がないことだと正当化することはできないのです。「伝統」、「文化」に女性差別があるならば、それに抗議する意味があるでしょう。

わたしたちは、国や民族の差異を超えて「伝統」、「文化」が抱える問題を批判することができるでしょうか。フェミニズムの世界では、先進国のフェミニストが、途上国の「伝統」、「文化」を女性差別として批判するこ

とがしばしば行われてきました。具体的なトピックとしては、イスラームの女性のスカーフやアフリカの一部の地域で行われている女性性器切除などがあげられます。

しかし、このような先進国フェミニストからの批判には、主に途上国のフェミニストから多くの問題点が指摘されています。インド出身のウマ・ナーラーヤンを参照しつつ、そのなかから3点を記します（Narayan 1997=2010）。

第一に、そうした批判が途上国のコミュニティを貶めるような植民地主義的言説として機能しているという点です。先進国のフェミニストによる途上国の「伝統」、「文化」批判では、その歴史的変化や内部の多様性、途上国の女性自身の主体性が無視されることが多く、変化しない「伝統」、「文化」に一様かつ盲目的にしたがう途上国コミュニティというイメージを創りあげています。このようなイメージが、先進国の人びとがもつ「多様性や主体性は先進国だけのものである」、「途上国と先進国はまったく異なっている」、「途上国は先進国よりも劣っている」、「『われわれ』が『彼ら』に教えてあげなければ」という差別的な思いこみを強化してしまうのです。

第二に、こうした批判が先進国から途上国への介入を正当化するような言説として機能しているという点です。女性抑圧的だとされる途上国の「伝統」、「文化」批判は、植民地支配の時代に「このような悪しき文化を正さなければならないから介入するのだ」という形で、支配を正当化するものとして生みだされたものなのです。たとえば、二〇〇一年にアメリカのブッシュ大統領がアフガニスタンに侵攻したさいにも、「アフガン女性を解放するために戦うのだ」という大義名分が掲げられました。

第三に、このような批判が途上国の女性が受ける苦しみを限定した形でとらえているという点です。先進国のフェミニストによる途上国の「伝統」、「文化」批判では、しばしば途上国の女性にたいする抑圧がすべて現地の「伝統」、「文化」のせいであるかのように記述されます。しかし実際には、彼女たちが受ける抑圧は「伝統」、「文化」だけでなくグローバルな経済格差や開発、搾取などの影響を強く受けているのです。たとえば、コンゴ民主共和国の婦人科医であるムクウェゲ医師は、武装勢力が資金調達という経済的な目的のためにレイプにおよぶことを語っています。レイプの恐怖によって鉱物の産地の住民を強制移住させることで、資金源となる鉱物を独占しようとするのです。ここで重要なのは、こうした事態の発生に、先進国にも責任がある場合が多いことです。コンゴの例でも、武装勢力から実際に鉱物を購入しているのはほとんどが先進国の企業です。そして、わたしたちもまたパソコンや携帯電話のユーザーとしてその恩恵にあずかっています。このように、すべての抑圧を「伝統」、「文化」に帰すことで、問題の所在をとらえそこねるだけでなく、自分たちの加害性に目をつむ

ることにもなってしまうのです。（井戸）

参考文献

▼Narayan, Uma, 1997, *Dislocating Cultures: Identities, Traditions, and Third World Feminism*, London and New York: Routledge.（塩原良和監訳『文化を転位させる――アイデンティティ・伝統・第三世界フェミニズム』法政大学出版局、二〇一〇年）

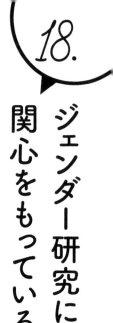

18. ジェンダー研究に関心をもっている人とフェミニストとは別なんでしょ？

HOP

ジェンダー研究とフェミニズムの関係は深いものですが、ジェンダー研究に関心をもっている人のなかにも、フェミニストと名乗る人・名乗らない人の両方がいます。「フェミニスト」の定義もさまざまで、個々人によるため、一概にはなんともいえません。

STEP

そもそもフェミニストにたいしてどのようなイメージがあるでしょうか。「男嫌いで女性の権利を主張し、デモや運動に熱心な、攻撃的で怖い女性」といったイメージでしょうか。ジェンダーを研究する人のなかにも「フェミニスト」という言葉がもつこのようなイメージを嫌い、「フェミニスト」と呼ばれたり名乗ったりすることを避ける人もいます。上記のようなイメージに当てはまるフェミニストもいるでしょうし、そのような人たちの力によって運動としての成果があげられてきたのも事実でしょう。しかし、最近ではフェミニストのイメージが拡大あるいは多様化してきているようです。これまでステレオタイプ的にネガティブなイメージを付与されてきたフェミニストとは異なる像を示すようなフェミニストも登場しています。例をあげながらみていきましょう。

まずは第44代アメリカ大統領のバラク・オバマです。自らフェミニストを公言してきたオバマはエッセイのなかで「性にかんする固定観念を取り払うべきだ」と述べ、21世紀のフェミニズムとは「誰もが平等であれば私たちはもっと自由になれるという考え方」だと締めくくっています。一国の長である男性がフェミニストを名乗ることを奇異に思われるかもしれませんが、同様にフェミニストを公言している首相としてカナダのジャスティン・トルドーもいます。

また、ナイジェリアの作家チママンダ・アディーチェは、『男も女もみんなフェミニストでなきゃ』のなかで、親しい友人からフェミニストを名乗るのは男嫌いの証だといわれ、「男嫌いではないハッピーなアフリカ的フェミニスト」になることを決心したと語っています。世間の「フェミニストといえば男嫌い」という思いこみに反旗を翻すような彼女の姿勢は同名のTEDトークでも多くの共感を呼びました。アディーチェは、ジェンダーについて問題があると感じ、改善しなければと考える人を「フェミニスト」であると定義し、みんなで改善する必要があるのだから「男も女もみんなフェミニストでなきゃ」と考えているのです。

その他にも歌手のレディー・ガガや女優のエマ・ワトソンなど、海外では多くの著名人がフェミニストを名乗っています。フェミニズムはよりカジュアルに、より自然にふれられるものになりつつあるといえるでしょう。ここであげた人びとに共通しているのは「フェミニスト／フェミニズムは女性だけのものではない」という考えです。フェミニズムを「性別を理由にした差別をなくすためのもの」と考えるなら、男性がフェミニストを名乗ることだってできるのです。

ステップでは、「フェミニスト」という言葉のもつ意味がポジティブでカジュアルな方向へと変化していく様子をみました。では、なぜ「ジェンダー研究に関心をもつ人＝フェミニスト」として避けられることになるのか、歴史的な視点からジェンダー研究とフェミニズムの関係を簡単にみていきましょう。現在のジェンダー研究の出発点とされるのは、第二波フェミニズムとも呼ばれる

18. ジェンダー研究に関心をもっている人とフェミニストとは別なんでしょ？

ウーマン・リブです。この運動を契機として女性学という学問が生まれ、女性のみならず多様な性を対象にする形でジェンダー研究へと発展していきました。フェミニズムとジェンダー研究はその成り立ちから深い関係をもっているのです。

では、なぜフェミニスト／フェミニズムはマイナス・イメージで語られ、ジェンダー研究というと相対的にはましなイメージで語られることになるのでしょうか。フェミニストが「女性の女性による女性のための」運動を担う偏った過激な存在なのにたいし、ジェンダー研究者はさまざまな性を扱う中立的な存在だからでしょうか。上野千鶴子は「ジェンダーは『学問的に中立』な概念どころではない。むしろあらゆる学知のジェンダー超然性に挑戦する、破壊力と生産力をもった概念である」（上野［1995］2015:36）と述べています。ここでは、ジェンダーとは無縁であると思われてきたような学問領域もまたジェンダーにかかわっているのだということを暴きだすことで、『ジェンダー非関与性 gender indifference』そのものが、ジェンダー・バイアスを組みこんで構築されたものであること」を暴露することがめざされます（上野［1995］2015:35）。

「それなら、フェミニズムだけでなくジェンダー研究も偏っているということか」と考えた人がいるかもしれませんね。このような意見にたいし、上野は、「偏った」学問であるという党派性・政治性を引き受けつつ、すべての他の学問にたいし「あなたもまた偏った学問に過ぎない」と畳みかけるのです（上野［1998］2015: 342）。すなわち、あたかも客観的・中立的なもののように展開されている学問の党派性・政治性こそが問題であるとして、あらゆる学問に不可避に存在している党派性・政治性を暴きだすのです。

以上のように考えてみると、「フェミニスト＝怖い」、「ジェンダー＝中立」という考え方が正しいものでないこと、そして、あらゆる学問は客観的・中立的ではありえぬ立場性をもつことがわかると思います。（平松）

参考文献

▼上野千鶴子「差異の政治学」（井上俊・上野千鶴子・大澤真幸・見田宗介・吉見俊哉編『岩波講座　現代社会学 第11巻 ジェンダーの社会学』岩波書店、一九九五年、所収）1-26.（再録：上野千鶴子『差異の政治学新版』岩波書店、二〇一五年、1-37.）
▼上野千鶴子「ゲイとフェミニズムは共闘できるか？　――アカーとの対話」『発情装置――エロスのシナリオ』筑摩書房、一九九八年、241-5.（再録：上野千鶴子『差異の政治学　新版』岩波書店、二〇一五年、331-56.）

column.3

ジェンダー研究は女性の学問？

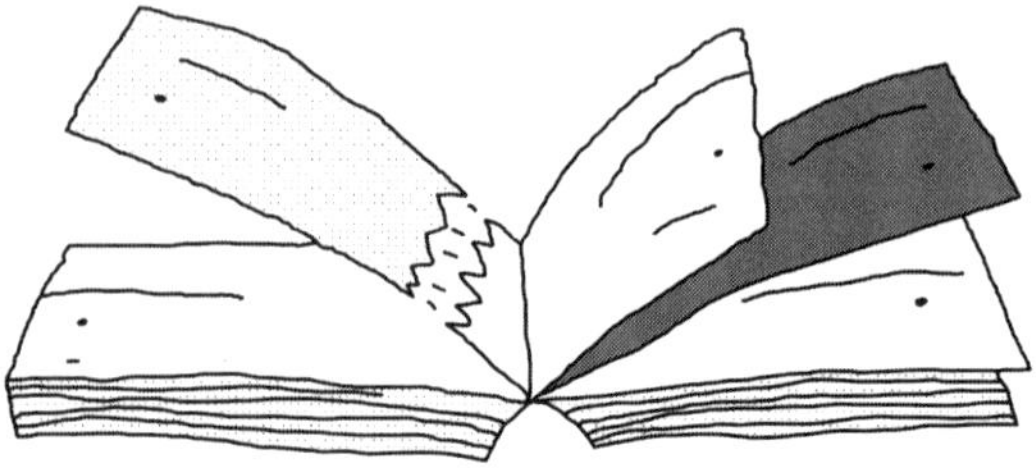

ジェンダー研究は女性の学問と思っている人は少なくないかもしれません。たしかにそのはじまりには、一九七〇年代のフェミニズムの影響を受けた女性学がありました。女性学は、それまでの学問が男性中心のものだったことを批判し、根本的な問い直しを求めました。

女性学の影響を受けて登場したのが男性学です。男性学には、女性学が描いた「支配者・権力者としての男性像」にたいする反発や共感など、男性側からのリアクションが含まれていました。また、女性学が主に扱ってきた女性問題と男性学が論じようとした男性問題とはコインの表と裏のような関係にありました。たとえば、女性が専業主婦であることから感じる抑圧は、男性が一家の大黒柱にならねば一人前の男でないとされるプレッシャーと表裏一体のものです（↓Q23）。

また、ジェンダー研究は、異性愛中心主義への批判と対抗を掲げて登場したレズビアン／ゲイ・スタディーズ、非規範的とされる身体や性を扱うクィア・スタディーズなどのセクシュアル・マイノリティにかんする研究とも相互に影響を与えあいながら発展してきました。広くみれば、性について抑圧されるすべての人びとを視野にいれる分野として展開してきたのです。

ジェンダー研究は、性にかんする規範や常識に抑圧を感じてきた人びとによって担われてきました。取り組む課題もよってたつ立場もさまざまですが、この研究は、性について息苦しさを感じるすべての人に開かれたものとして存在しているのです。（山本）

第四章

めざしているのは逆差別？

「今や行きすぎた男女平等によって、女性が優遇され男性が差別されている」

——このような言葉を聞いたことのある人がいるかもしれません。

はたして本当にそうなのでしょうか？

この章では、「男性への逆差別」といわれるときにひきあいに出されることの多い、女性専用車両やポジティブ・アクションを題材に考えてみましょう。

損か得かを表面的にみるのではなく、背景にある事情や導入の経緯を学び、「逆差別」といわれる問題をより深く考えてみませんか？

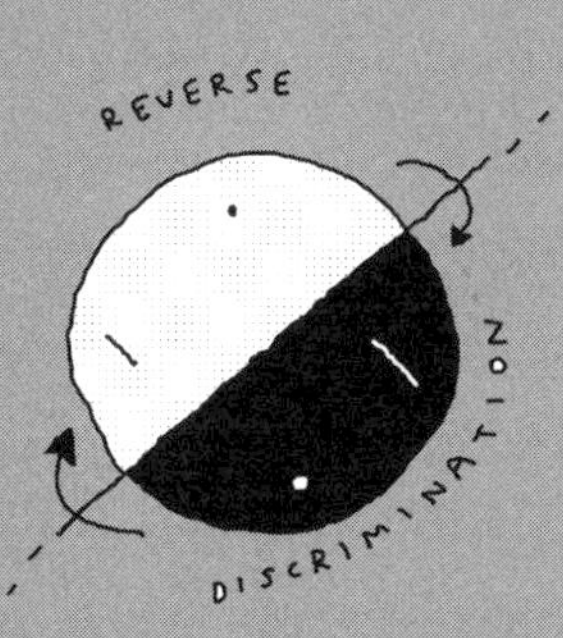

19.

男だって大変なのに、女がすぐハラスメントと騒ぐのって逆差別では？

「ハラスメント」という概念ができる前の社会を想像してみましょう。「ハラスメントだ」と声をあげることで、不快な状態を「問題」として位置づけ、解決を訴えることが可能になったのです。

日本で「ハラスメント」概念が最初に広まることになったきっかけは、「セクシュアル・ハラスメント（セクハラ）」でした。アメリカから入ってきたこの概念は、日本では一九八〇年代に流通し、一九八九年には日本ではじめてセクハラを争点にした裁判も起こりました。しかし、けっしてそれ以前に「セクハラ」と呼ばれるような事態がなかったというわけではなく、そういった出来事は頻繁

19. 男だって大変なのに、女がすぐハラスメントと騒ぐのって逆差別では？

にありました。日本の近代工業化のなかでの女工の悲惨な経験を書き記した『女工哀史』にもその記述があります。しかし「セクハラ」という考えが広まり、これが権力関係を利用した性差別であるという主張がなされるまでは、こうした問題は個人の問題とされたり、場合によっては被害者の責任とされたりしてきました。そうでなければ「コミュニケーション」のひとつとみなされ、「問題」として扱われることはなかったのです。このように、ある事象や行為に名前が与えられ、語ることができるようになってはじめて、その問題性を明確にとらえられるようになったり、解決に向けた主張ができるようになったりするのです。

わたしたちは、「ハラスメント」だと声をあげられるようになった被害者の口を再度塞ぐようなことがあってはならないと思います。しかし、セクハラに限らず、ある事象や行為を「ハラスメント」と位置づけ、声をあげる人のことを「面倒くさい」とか「いちいちハラスメントだというなんて大げさだ」と思う人がいるかもしれません。もし、自分自身がさほど不快な思いをしたことがないからそのように感じるのだとするなら、その幸運こそが特権であると考えてみませんか。性別や人種、セクシュアリティなど、属性を理由として受ける苦痛を味わうことなく暮らせるのはマジョリティとしての特権なのです（↓コラム2）。

あるいは、「苦痛を感じていても我慢している人は他にもいるのだから自分のことばかり主張するな」、「自分もハラスメントを受けながら耐えているのだから、他の人たちも騒ぎ立ててほしくない」と思う人もいるかもしれません。たしかに、他にも苦しみを覚えている人はいるでしょうし、実際に被害を受けながら声をあげられずにいる人もいるでしょう。しかし、被害の告発をしている被害者を責めて口を封じるかわりに、自分や他の人が声をあげられない状況の方を問題化する方向に向かうことはなぜできないのでしょう。わたしたちは、被害を受けた人が声をあげ、適切な対応を得られるようになることこそ、めざすべき社会のありかただと考えています。

最近は「ハラスメント」と名前のつくものが増えてきました。「ハラスメントのインフレ」ともいえるような現状について、「なんでもかんでもハラスメントになってしまうなんて生きづらい」と感じる人もいるかと思います。ここで主張される「生きづらさ」には、戸惑いや混乱、怖さもあるかもしれません。「ハラスメント」と名づけられるようになることで、これまで普通にあったことが「問題」と位置づけられるようになります。だからこそ、これまで自分のなかにあった常識が通用しなくなる困惑や、当たり前と考えてきた行為が問題とされてしまう

19. 男だって大変なのに、女がすぐハラスメントと騒ぐのって逆差別では？

ことへの恐怖が生じるのかもしれません。また、自分の行動がハラスメントと誤解されたり、悪意をもってセクハラ犯にでっちあげられたりすることを恐れるのかもしれません（↓Q28）。しかしそのような恐怖があるからといって、「セクハラ」という言葉が広がることで自身のつらい経験を認識・表明できるようになった人の口を封じることは正当化されるでしょうか。

セクハラ被害は女性に多いですが、セクハラは男女間だけで起こる問題ではありません。同性間でも起きますし、同性愛嫌悪的《ホモフォビック》な言動もセクハラととらえることができます。当然ながら、男性がハラスメントの被害者になることもあります（↓Q27）。だからこそ、「男はハラスメントを訴えていないのに女ばかりずるい」と思う人がいるかもしれませんね。でも、必要なのは、声をあげた女性を責めることではなく、なぜ男性は声をあげられないのか、あげにくいのかを考えてみることではないでしょうか。

男性学が指摘するように、男性が自身の問題をとりあげることは、自分が「男らしくない」とみなされる可能性があるため、困難になります（田中 2009）。「弱音を吐くなんて男らしくない」といわれたり、こうした言い方を聞いたりしたことがある人も多いのではないでしょうか。ジェンダー研究が問題にする「男／女らしさ」はいまだに根深い問題です。特に男性にたいしては「男がセクハラ被害にあうなんて」という考えから声をあげにくい、ハラスメント被害にあっても「男らしくない」から声をあげられない、ということもあるでしょう。しかし、「男は声をあげられないのだから女も声をあげるな」というのはやはり間違いだとわたしたちは思います。誰もが口を閉ざす社会では抑圧／被抑圧の関係は変わりません。容易ではないかもしれませんが、誰もが自身のつらさや思いを主張できるような社会をめざしていきたいと思っています。

（仲）

参考文献

▼田中俊之『男性学の新展開』青弓社、二〇〇九年

20.

管理職の女性を30％にするって、女性だけを優遇する逆差別じゃない？

HOP

逆差別ではありません。不平等な状態が先にあり、２０２０３０[*1]のようなポジティブ・アクションはそれを是正するための特別措置として位置づけられているのです。

STEP

ポジティブ・アクションとは、現在、社会的・構造的な差別により不利益を被っている人にたいし、実質的な機会の均等を実現することを目的とした暫定的な特別措置を指します。

図のように、「EQUALITY（形式的平等）」と「EQUITY（実質的平等）」の2種類は区別して考えることができ、ポジティブ・アクションは、右の「EQUITY」の考え方を採用

Interaction Institute for Social Change | Artist: Angus Maguire.
(https://interactioninstitute.org/illustrating-equality-vs-equity/)

EQUALITY **EQUITY**

しています。さまざまな年齢の３人が野球観戦をしていますが、背の高さは異なっていますね。左の「EQUALITY」では、全員に同じ高さの踏み台が与えられており、その結果、右側の人は試合を見ることができていません。一方、右の「EQUITY」では、それぞれの条件にあわせた高さの踏み台が与えられており、全員が同様に試合を見ることができています。身長という個人の属性によって野球観戦の機会を妨げられることなく、身長の異なる３人が同じように観戦の機会を楽しめるようにそれぞれに台が準備されているというわけです。ポジティブ・アクションとは、「EQUITY」を実現するための装置であ

20. 管理職の女性を30%にするって、女性だけを優遇する逆差別じゃない?

り、もともとの不平等な機会を是正し、差別の解消を図るものなのです。

しかし、男女は本当に不平等な状態にあるのでしょうか。残念ながらそうであるといわざるをえません。例として、二〇一二年のアメリカの実験を紹介しましょう。まったく同じ履歴書の名前のみをJohn(男性名)かJennifer(女性名)かに変え、多数の大学のラボマネジャーに応募するという実験です。同じ履歴書であるにもかかわらず、男性名の方が高い評価を受け、年収も男性名の方が4000ドル高く提示されるという結果になりました。この実験は、女性というだけで機会が制限されることを端的に示しています。さらに、家事・育児・介護などの仕事との両立にあたって負担となるケア役割の女性への偏り、また配属部署や任される仕事内容の男女差、その結果として技能形成や昇進にも男女での偏りがあると指摘されています。2030は、このように男女で不均等に配置された条件を埋めるための暫定的な措置であり、逆差別とはいえません。「男性が不利になるのでは」との意見もありますが、これまで男女で異なっていたスタート地点をそろえたり、片方にのみ多く置かれていた障害物を取り除いたりすることで、両者が対等に参加できるようにするための取り組みととらえるのが適切でしょう。

不平等を是正する手段は他にもありますが、ポジティブ・アクションには独自の特長があります。まず、即効性がある点。次に、不平等を生みだす環境そのものを変えていける点です。202030では、女性管理職が増えることで企業の男性中心主義的な体質自体が変わり、女性も働きやすい環境が整うことが期待されています。もちろん、女性が少々増えただけでは環境を変えるほどの影響力になりません。2020 30がめざす「30%」とは、影響力が確保される最低限の割合であるといわれていま す。ポジティブ・アクションはすぐに効果があらわれるだけでなく、不平等の根本的解決にもつながっていく施策であるといえるでしょう。

2020 30によって女性管理職が増えることは、企業活動の妨げになるでしょうか。経済産業省の調査では、女性管理職比率が高い企業に利益率が高い傾向がみられました。この結果の分析は慎重に行わなければなりませんが、少なくとも女性の登用が生産性を低下させるわけではない、ということはいえそうです。

他の国々でも取り組みは進んでいます。ノルウェー政府は、二〇〇二年に大企業の取締役会の一定数を女性とすることを義務づけるクォータ制を導入しました。政府からの依頼で長年調査を行ってきた企業多様性センターのマリット・ホエルは、導入によってビジネス面での問題は起こっていないと述べ、「女性が働くことや、男性も仕事と家庭を両立させることが当たり前になった。出生率もトップクラスになった」と結果を評価しています。このように、すでにポジティブ・アクションが実践されている国も多くあります。

ステップでは、２０３０の正当性を論じましたが、もちろんこの政策には問題点もあります。家事や育児などの負担が女性にわりふられたまま働くように要請すると、女性が二重の負担を背負うことになって大変になるというのは、安倍政権の女性活躍政策についてよくなされる批判です。いきなり女性管理職を30％にするといわれても「間に合わない」という声もあります（『朝日新聞』2015.2.22）。

もうひとつの問題点は「ポジティブ・アクションは憲法14条に定められた『平等原則』に反するのではないか」という議論に決着がついていないという点です。「平等原則」とは前述の「EQUALITY（形式的平等）」のことであり、「EQUITY（実質的平等）」までは含まれていないのではないかということです。実際にフランスやイタリアでは、ポジティブ・アクションにたいして違憲判決が出たこともあり、両国とも憲法改正にふみきることになりました。辻村みよ子は、形式的平等を原則として実質的平等が例外的に実現可能であるというのが通説であるとし、ポジティブ・アクション導入のさいにはその「例外措置」を正当化する法的根拠が必要であると述べています（辻村 2011）。日本における法的根拠は、男女共同参画社会基本法と男女雇用機会均等法に認められるとされています。

このような批判にどのように応えていくのか、どのように憲法を解釈し法的根拠を見出していくのかが、日本における今後のポジティブ・アクションを考えるさいの課題となるでしょう。（井戸）

＊1　社会のあらゆる分野において、二〇二〇年までに指導的地位に占める女性の割合を少なくとも30％程度にするという政府目標のこと。

参考文献

▼辻村みよ子『ポジティヴ・アクション――「法による平等」の技法』岩波書店、二〇一一年

21.

東大が女子学生だけに家賃補助をするのって逆差別じゃない？

HOP

東大が女子学生への家賃補助を打ちだしたことは大きな話題になりました。大学がこうした措置を講じるのはそもそも進学する女性が少ないからであり、逆差別ではありません。

STEP

まず、東大の家賃補助とはどのようなものなのかをみてみましょう。二〇一七年度に導入されたこの制度は、教養学部前期課程への入学から最大2年間にわたり、通学時間が90分以上の女子学生に月額3万円を支給するというものでした。二〇一〇年に女子寮の白金寮が廃寮となりかわりの寮がなかったこと、地方自治体の県人寮に男子限定のものが多かったことが導入の背景となっています。東大の学部生の男女比は二〇一八年度に8：2（女性は19・5%）となっており、全大学の学部学生の男女比5：4（女性は45・1%）とは大きく異なっています（「学校基本調査」平成30年版）。東大の家賃補助とは、このような状況のなかで、多様な学生が活躍できる支援体制の整備の一環として導入されました。

「別に東大にこだわらなくたって女子大に行けばいいじゃないか」と思う人もいるかもしれません。しかし、その人が女性であるからというそれだけの理由で、本人の希望や意思を省みず女子大に行けというのは問題でしょう。「東大に入ってこの先生のもとでこんな研究をしたい」と思っている女性に、「女子大があるのだから東大にこだわらなくてもよい」ということは、その人の意思決定を重んじず、研究意欲を削ぐことになりかねません。わたしたちは、社会的な状況や要請によって個人の希望や意思が無視されることがあってはならないと考えます。

複数のきょうだいがいる家庭では、女子にたいする教育投資の優先順位が低くなる傾向にあることがわかっています。その理由を、上野千鶴子は、娘は「いずれよその家に仕える他人になると思われていたから」だといいます（上野 2013: 127）。たしかに、進学希望をみると、学力があっても所得水準が低い

21. 東大が女子学生だけに家賃補助をするのって逆差別じゃない？

ために、4年制大学への進学を断念し、短期高等教育機関に進学する女性が層として存在することがわかります。奨学金もあるとはいえ、貸与奨学金制度は、卒業後に返済しなければならない負債となるため、将来の子どもの負担を少しでも減らそうとする親の気遣いによって娘の4年制大学への進学希望が抑制されがちであると指摘されています（藤村 2012）。このようななか、大学進学にともなって家賃がかかる場合には、大学で学びたい女性にたいする「教育投資」はますます抑制されることになるでしょう。

また、4年制大学への進学にたいする親の期待にも、男女差があるといわれています。東大の家賃補助を報じた新聞には、「女の子が無理して頑張らなくてもいいのに」、「なぜ東京に行くの？」という女子学生の家族の言葉が紹介されています。一方で、「自宅外通学を理由に受験を反対された人たちのあいだでは歓迎の声があがる」と記されています（『朝日新聞』2016.12.26）。「女子は家を出てまで大学に進学する必要はない」、「女子は浪人しないほうがいい」、「子ども全員を自宅から離れた大学に入れる経済力はないから、女子のあなたは家から通える大学にしてほしい」という話が地方の家庭ではめずらしくないといわれています（四本［2017］2018）。この結果、地方都市から大都市への子どもの移動にはジェンダー差があらわれることになるのです。親が男子に4年制大学への進学を期待する割合は、大都市で75・0％、地方都市で73・5％とほとんど変わりませんが、女子の場合は大都市で52・6％、地方都市で45・4％と有意差がみられます。さらに、地方では、男子の県外移動を当然視する一方、女子の移動をためらう親の意識が存在することも指摘されています（石川 2009）。つまり、女子は、男子に比べて親から大学への進学を期待されず、大都市に出ることを反対される傾向があるということです。大都市に向かえば必然的に発生する家賃の存在によって、女子への進学期待がさらに薄まることは十分に予想されるでしょう。

こうした状況において、東大の家賃補助という制度は、東大に進学したくとも家賃がハードルになっている女子にとって、心強い後押しになるのです。女子が住むアパートの家賃は男子のそれよりも高くなる傾向にあるのでなおさらです。

わたしたちの仲間である女性の上京体験に以下のようなことがありました。入学当初は大学の寮で暮らしていましたが、退寮することになり大学から比較的近いオートロックの整った物件を探すことになりました。条件に合致する物件は寮の10倍近い家賃になり、生活が厳しくなることが予想されました。しかしひとり暮らしの女性が犯罪に巻きこまれたというニュースを頻繁に目にしていた彼女は、安全性の高い住宅を希望せざるをえなかったといいます。

以上のように、進学機会が平等でなく、家賃がネックとなって進学に支障が出るような女性に家賃を補助するような制度は逆差別ではなく、積極的差別是正（アファーマティブ・アクション、ポジティブ・アクション）として考えられるものなのです（↓Q20）。（前之園）

参考文献

▼藤村正司「なぜ女子の大学進学率は低いのか？——愛情とお金の間」（『大学論集』広島大学高等教育研究開発センター、二〇一二年、所収）43: 99-115.
▼石川由香里「子どもの教育に対する母親の地域移動効果——地域間ジェンダー格差との関わり」（『教育社会学研究』日本教育社会学会、二〇〇九年、所収）85: 113-33.
▼上野千鶴子『女たちのサバイバル作戦』文藝春秋、二〇一三年
▼四本裕子「家賃補助は女性優遇か？」（『教養学部報』東京大学教養学部、［二〇一七年］二〇一八年、所収）592 (http://www.c.u-tokyo.ac.jp/info/about/booklet-gazette/bulletin/592/open/592-1-2.html).

22.

女性専用車両って男性への差別じゃない？

HOP

女性専用車両は痴漢対策として導入されました。女性を優遇している男性差別なのかどうか、導入の経緯や女性のおかれた状況を考えて判断してみましょう。

STEP

女性専用車両は、痴漢被害への暫定的な解決策として導入されたという経緯があります。いっこうに減少しない痴漢を根本から解決することが難しいため、女性だけが乗車できる車両を設けるという形で被害の縮小を図ったのです。

たしかに女性専用車両は、普通の車両よりも混雑しておらず、比較的空いているこ

22. 女性専用車両って男性への差別じゃない？

とがありますね。ここから、女性は同じ料金で快適な車両を利用している、つまり同じ料金で男性よりも質のよいサービスを受けている、だから女性を優遇している男性差別だ、と主張されることがあります。しかし、女性専用車両の成り立ちを考えてみればこの主張のおかしさは明白でしょう。電車内の殺人的な混雑状況がそれ自体解消されるべき問題だとしても、女性に怒りの矛先を向けるのは見当違いというものです。

一方、女性専用車両を設置したからといって、女性がこれを利用しなければならないという「義務」があるわけではありません。ですから、痴漢の被害にあった女性にたいして「女性専用車両があるのに利用しないのが悪い、自業自得である」と非難することはできません。痴漢被害にあった女性の恐怖を考えれば、加害者ではなく被害者に責任を求め、いっそう追いつめるようなこうした言動は、「セカンド・レイプ」（↓Q26）といっても過言ではないのです。

痴漢の存在によってさまざまな不利益を被っているという怒りの感覚は正当なものですが、その矛先を女性専用車両やその利用者である女性に向けるのではなく、痴漢撲滅のエネルギーに変えてみませんか。わたしたちは、暫定的な解決策である女性専用車両が必要でなくなるような未来をめざしていくことの方が、ずっと建設的だと思っています。

女性専用車両をめぐる問題を考えるうえで避けて通れないのが「痴漢冤罪問題」です。二〇一七年には、痴漢の疑いをかけられた男性が線路内に飛びこむ事件が相次ぎ、電車に轢かれて亡くなるという事件まで起きて世間を騒がせました。これは、痴漢を疑われると長期間に渡る身柄の拘束によって無断欠勤となって職を失うこと、苦しい裁判闘争を強いられることなど、マスメディアが一生を台無しにされるという煽情的なメッセージを流し続けた結果であるともいえます。冤罪被害にあった男性を担当する弁護士も同様の見解を示すことが多く、インターネット上ではこうした言説が盛んに生産され続けています。

痴漢冤罪に巻きこまれないようにしたいという男性からの要望として、「男性専用車両」の導入を求める声もあがっています。注目すべきは、この要望が男性からだけでなく女性からもあがっているということです。「もし夫が痴漢に間違われたらわたしも子どもも終わりです」と話す女性たちは、一家の稼ぎ頭としての男性が痴漢冤罪に巻きこまれると、一家全体が路頭に迷うと恐れているのです。このような恐怖が正当なものだとしても、痴漢被害を論じているときに冤罪の話をもちだしてこちらの方が重大な問題だというのは、位相の異なる問題を議論にもちこんで論点をすりかえることではないでしょうか。

また、「痴漢をする男性とはこうあるものだ」という「加害者神話」の存在も指摘できるでしょう。たとえば「女性に縁がない」、「性欲を抑えきれない」などといったイメージがこれにあたります。痴漢加害者のカウンセリングを担当してきた斉藤章佳によれば、4年制大学を卒業して会社勤めをする、働きざかりの既婚者男性というのが実際の加害者の実態なのだそうです（斉藤 2017）。実像にあわないこうした「神話」は、痴漢加害者の他者化にもつながります（→Q28）。痴漢についてのわたしたちの思いこみを解体していくことも、痴漢を撲滅するためには必要なことでしょう。

さらに、男性の痴漢被害者の存在にも目を向ける必要があります。男性が求められる「男らしさ」のなかには、「弱音を吐かない」とか「弱さをみせない」といった要素があります（→Q19）。男性が痴漢の被害を告発することは、そうした「男らしさ」に反するため、「男らしくない」男だというレッテルを貼られてしまう可能性があるのです。それゆえ、男性の痴漢被害者は声をあげづらい状況に追いこまれてしまいます（→Q27）。最後に、痴漢や女性専用車両をめぐる議論が異性愛規範を前提に展開されていることも問題といえるでしょう。

わたしたちは、痴漢冤罪だけを憎むのではなく、それと同じ情熱をもって痴漢の根絶をめざすべきだと考えます。そもそも、司法が引き起こす「冤罪」の問題をのぞけば、このQで考えてきた数々の問題は痴漢が撲滅されれば解決される問題がほとんどです。すべての人が快適に鉄道を利用できるような環境をめざすためにも、痴漢の撲滅は鉄道会社だけでなく、全利用者にとっての喫緊の課題といえるでしょう。(前之園)

参考文献

▼斉藤章佳『男が痴漢になる理由』イースト・プレス、二〇一七年

23.

女性はバリキャリか専業主婦か選べるのに、男性は働くしか選択肢がないのっておかしくない？

HOP

たしかに不公平だと感じられるかもしれませんね。なぜ男性が「主夫」として家庭に入ることなく、外で働く選択肢しかもたないのか、歴史をふまえて考えてみましょう。

STEP

まず、女性が働く／家庭に入るという二つの選択肢をもっていることははたして優遇の結果といえるのかどうか考えてみましょう。

家庭に入るという選択にはさまざまなリスクがともないます。女性が家庭に入るということは、お金を稼ぐことのできる手段を（ほとんど）もたなくなることを意味します。彼女は家のなかで主婦として家事や育児を担うことになりますが、こうした仕事はつねに「アンペイド・ワーク（不払い労働）」（↓Q05）です。自身の労働に支払いがなされないわけですから、経済的に自立できなくなり、結果、生計を立てるためには男性の家族（結婚前は父親、結婚後は夫）に頼るしかなくなります。その男性が病気になったり死亡したり、あるいは離婚したりすることで、彼らへの依存関係が成立しなくなると生活が立ち行かなくなる恐れが非常に高いわけですから、つねにリスクをともなった状態にいるということができます。また、生計を男性に依存しているために、権力をもたず、生計の後ろ盾をなくして生活できなくなることを恐れ、DVなどの問題を抱えていたとしても、被害を告発したり離婚したりすることが難しくなるのです。

では、家庭に入るというこのリスクの高い選択肢を、女性たちはなぜとるのでしょうか。女性自身が「専業主婦になりたいから」と思う人もいるかもしれません。たしかに、専業主婦になりたいと考えて仕事を辞め家庭に入る女性も一定数いるでしょうが、事態はもう少し複雑です。わたしたちの生きる社会や企業では、女性には家庭に入るという選択肢があり、そうしたいと思うのは当然だという考えがあります。「女性は結婚して家事を担い、子どもを産んで育児に邁進するものだ」という考えは、女性を、いつかは職場を離れる「二流」の労働者として扱うことになり、人材育成にか

23. 女性はバリキャリか専業主婦か選べるのに、男性は働くしか選択肢がないのっておかしくない？

かわる機会や賃金を抑えることになるのです。企業にこうした考えがあれば、女性たちは仕事にたいする「やりがい」や「見通し」をもてずに、職場を辞めて転職したり、家庭に入るという選択にふみきったりすることになるでしょう。また、転勤で夫婦いずれかが離職せざるをえなくなった場合には、男女の賃金やキャリアの見通しの差異から、女性が辞める方が「合理的」とみなされたり、性別役割分業意識から女性に離職が迫られたりすることもあるでしょう。このように考えると、一見「自発的に」仕事を辞め、家庭に入ることを選択しているかのようにみえる女性たちの行動の背後に、複雑で根深い社会構造があることがわかります。

ステップでは家庭に入る女性についてみてきましたが、女性が十分な稼得能力をもっている場合、そのパートナーの男性が家庭に入るという選択をすることも考えられます。この場合にも男性は主婦と同様のリスクを負うことになるでしょう。とはいえ、一般的には、男性が家庭に入るという選択肢などもちえないと考えられています。

はたして、男性には本当に家庭に入るという選択肢がないのでしょうか。「主夫」という言葉の存在を思えば、男性に選択肢がないとはいえません。自ら専業主夫という選択肢をとったことを積極的に発信する男性もいます。歌手のジョン・レノンやコラムニストのマイク・マグレディなどはその一例です（McGrady 1975=[1983] 2014）。

そもそも、「男性が外で働いて稼ぎ、女性が家で主婦として家事育児に専念する」という性別役割分業は歴史的に普遍的なものではありません。わたしたちが自明視している性別役割分業は、歴史的・文化的につくられてきたものなのです。近代以前、特に農耕社会では、男女がともに農作業に従事することが求められました。資本主義の発展とともに市場が登場すると、男性が公共領域を、女性が家内領域を担うという性別役割分業を基盤にした家族が登場します。この近代家族は当初上流階層のものでしたが、「女性は家庭に入るもの」という規範は次第に影響力をもっていきました。日本の場合、こうした規範がすみずみまで浸透するようになったのは高度経済成長期のことといわれています。

「女性は家庭に入るべき」という規範は強力で、それ以外の生き方がありえないとされるような時代がありました。ただし、これはあくまで規範であって、実際には自営業の女性や家計の維持のために働いている女性が一定数いたことには注意が必要です。こうした時代を経て、現在のように家庭に入る以外の生き方が認められるようになり、家庭に入ることは女性の「選択肢」のひとつとなりました。とはいえ、現在も育児における母親の役割は必要以上に強調され、女性を家庭に縛りつける規範は残存しています。たとえば、欧米から日本に輸入された「三歳児神話」は、子どもが３歳までのあいだは母親に養育されないと病理的不安に陥るという考えで、女性を家庭にとどめる言説として作用しました。今では根拠のない「神話」であることが明らかになっていますが、日本では今も根強い影響力をもち続けています。

男性が「主夫」になる選択肢はなぜないのかという疑問に戻るなら、それは女性の家庭役割の裏返しであり、男性もまた働いて一家を養うという性別役割分業や、「男らしさ」による規範に縛られている結果です。女性の家庭役割と男性の稼得役割は対になっており、近代的な性別役割分業や「男／女らしさ」規範から生みだされたものです。互いに対になって縛られているのですから、男性が専業主夫になれないのに、女性は専業主婦になる選択肢をもつから逆差別だというのは的外れといえるでしょう。

わたしたちは、男性がいかに逆差別を受けているかと主張することより、男女がともに抑圧を受けている構造からどうやって抜けだすのかを考える方が建設的であると考えます。男が働き、女が家事・育児をするという役割分担にこだわるのではなく、男女がともに働き、ともに家事・育児を担いあうことで、性別に縛られない選択をすべての人に可能にすることが大切なのではないでしょうか。（田）

参考文献

▼McGrady, Mike, 1975, *The Kitchen Sink Papers: My Life as a Househusband*, New York: Doubleday.（伊丹十三訳『主夫と生活 My Life as a Househusband』アノニマ・スタジオ、［一九八三年］二〇一四年）

24.

恋愛のハードルって男の方が高い。女ってだけでモテるんだから女はずるくない？

「ずるい」と女性を敵視するのはなぜでしょう？　恋愛において男性が積極的にアプローチし、女性は受け身であるべきという風潮や、モテないことが恥ずかしいことのように思われる状況にこそ、問題があると考えてみませんか。

「女ってだけでモテる」という主張の真偽はさておき、そのように考えられる原因を検討してみましょう。男女の恋愛において、男性が追う側、女性は追われる側であるとする風潮はわたしたちの社会において根強くあるようです。「プロポーズは男性が女性にするもの」という暗黙の了解を感じとっている

人も多いのではないでしょうか。男性が積極的にアプローチし、女性がそれを受けとるという構図において、女性は「求められる」立場、つまり「モテる」側であるという認知が発生します。男性が女性に奢るという状況や、女性の方の恋愛需要が一見高くみえる原因は、このジェンダー非対称な構図にあるといえそうです。また、女性が結婚・出産して家庭に入ることを強く求められていた時代と異なり、現代では女性も結婚するか否かを選ぶことができるようになりました。これにともなって男性の恋愛（結婚）のハードルはたしかに上昇したといえるかもしれません。

「男たるもの女を追ってなんぼ」とプレッシャーを感じている男性もつらいでしょうが、この風潮は、女性を「追われるべき」と決めつけて恋愛や性に積極的になることを押さえる圧力にもなっています。「ビッチ」、「尻軽」、「はしたない」といった非難は、男性からだけでなく女性から女性にたいしても発せられることがあります。このような社会的圧力のなかで、女性たちが無意識のうちに自己決定を避けたり依存願望をもって自立を避けたりしようとする心理状態のことを「シンデレラ・コンプレックス」といいます。「男たるもの女を追ってなんぼ」の考え方は、女性にとっても有害なのです。

そして、この風潮は、恋愛に積極的になれない／ならない男性を「負け組」とみな

24. 恋愛のハードルって男の方が高い。女ってだけでモテるんだから女はずるくない？

し劣等感を抱かせることにつながります。なぜモテる／モテないことが人の価値をはかる基準として重視されるのでしょう。この背後には、恋愛に価値を重くおきすぎる「恋愛至上主義」的な社会の構造があるからだといえるでしょう。恋愛至上主義は、モテることに価値を見出す一方、モテないことに負のレッテルを貼って劣等感を生みだします。それが如実にあらわれたのが、二〇〇八年に起こった秋葉原無差別殺傷事件でした。事件を起こした男性は、インターネットの掲示板に書きこみを繰り返しており、なかには「ブサイクだから彼女ができない」「恋人がいればこんなことにはならなかった」といった発言もあったそうです。恋愛を偏重する社会の風潮のなか、モテないというコンプレックスが無差別殺傷にいたるまで男性を追いつめることもあるのです。

「非モテ」という負のレッテルが、容易に女性嫌悪と結びつくことも重要な問題です。近年、アメリカでは「インセル」と呼ばれる一部の「非モテ」男性が過激化し、社会問題となっています。インセルとはinvoluntary celibateの略称で「不本意の禁欲主義」などと訳されます。彼らの多くは若い白人男性の異性愛者で、自分の容姿を醜いと考え、モテる人、パートナーのいる人を敵視しています。そして「すべての女性はセックスの相手をみつけることができるのに、醜い男性はお金を払ったり強制したりしない限りセックスができない」という歪んだ認知から、「魅力的でない男性のセックスする権利が失われた」と考え、「自分がモテないのは女性のせいだ」として女性を攻撃の対象ととらえるのです。この考えには、女性を見下し軽蔑する強い女性嫌悪が含まれています。実際、二〇一四年以来、インセルを名乗ったテロが数件起こっており犠牲者も出ています。

責めるべきは「非モテ」でも、まして女性でもありません。わたしたちは、より根本にある、恋愛に重きをおきすぎる社会の傾向を問題であると考えています。

恋愛至上主義の台頭によって「非モテ」という負のレッテルだけでなく、童貞を恥ずかしいものとする風潮も生みだされました。現代において童貞は嘲笑の対象であり、つらい思いをする男性は少なくないようです。しかし、童貞を研究した渋谷知美によれば、その意味は時代によって変化しており、かならずしもネガティブなものではありませんでした。以下では『日本の童貞』（渋谷 2003）を参照しながら、「童貞」の変遷を追ってみましょう。

童貞という言葉が使用されはじめた一九一〇年頃、この言葉は男女ともに対象とされ、現代の「未経験の男性」という人ではなく、未経験であるという「状態」を表していたそうです。そして、一九二〇年代には、大学生や知識人を中心として、童貞は美徳であるという価値観が存在しました。「新妻に捧げる贈物」と童貞を誇りに思ったり、「処女と結婚するからには自分も童貞でなければ」と童貞を守り抜こうとする意志を表明したりする者がいたのです。

これが現在の否定的な見方に変化するのは、一九六〇年代以降の青年誌による言説に負うところが大きいと渋谷はいいます。一九六四年には『平凡パンチ』という青年誌が「処女が減り、童貞増える」と問題視しました。この雑誌記事で使用された調査法は問題含みでしたが、それを指摘する声はほとんどなく、センセーショナルなニュースとして扱われました。そして、童貞言説は、童貞を面白おかしく議論する「娯楽言説」へと移行していったのです。一九七〇年代はじめには童貞を「カッコ悪い」という言葉で「恥」ととらえるような現代の童貞観に近い言説が生みだされていきました。一九八〇年代初頭には「シロウト童貞」（性風俗で働いていない女性との性経験がない者）という下位カテゴリーが加わり、性風俗による童貞喪失が突如ネガティブな意味をもつようになりました。童貞＝モテない＝恥とする風潮は、婚前交渉が可能になった、「恋愛の自由市場」が成立した時代ならではの現象なのです。

では、今、童貞や非モテの男性を苦しめているものの正体とはなんでしょうか。童貞をいじる非童貞男性でしょうか、それともその言説に乗じて童貞は気持ち悪いと評価する女性でしょうか。恋愛をはじめ社会生活において弱い状況におかれていると自覚する「弱者男性」は、インセルの例でみたように、自分以外を非難することで苦しみから逃れようとします。彼らは、容姿が整っており高級なものを所有しているといった誇張された男性像を想定し、そのような強者の男性を敵視することがあります。また、女性から選ばれないことで傷つけられたという考えから、女性を敵視して女性嫌悪を抱くこともしばしば起こります。しかし、「女性を支配できる男性にならなければならない」、「一人前とされる男らしさの基準に自分をあわせなければいけない」といった価値観こそが、自分を自分自身で苦しめる元凶になってはいないでしょうか。つまり、誰かを責めるより、男性がとらわれている「男らしさ」に向きあうことの方が、ずっと意味があるということです。わたしたちは、人を傷つけることに向かってしまう負のエネルギーを、恋人の有無やセックスに過剰な価値をおく恋愛至上主義を問い直す力へと変えていくことはきっとできると信じています。（村川）

参考文献
▼渋谷知美『日本の童貞』文藝春秋、二〇〇三年

なんでジェンダーのゼミにいるのに化粧してるの？

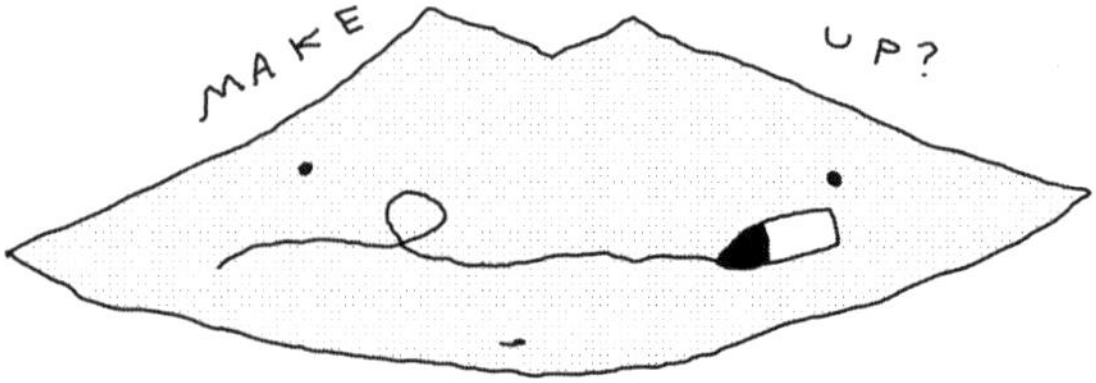

ジェンダー研究のゼミに所属していると「なんで化粧してるの？」と聞かれることがあります。ジェンダーに問題関心のある女性が化粧をしている、つまり「女性らしく」ふるまっていることに疑問を抱くのでしょう。でも、わたしは、化粧自体が嫌いなのではありません。化粧を「女らしさ」と結びつけることに問題意識をもっているのです。

女性のノーメイク出勤の賛否がしばしば話題になるように、女性にとって化粧は「マナー」や「礼儀」と考えられることがあります。そのため、化粧をしたくないと思っている女性も化粧をせざるをえなくなってしまいます。このように強制されたとき、化粧は抑圧となりうるのです。

一方で「化粧をするとスイッチが入ってやる気が出る」など、化粧を肯定的にとらえる女性もいます。自分の身体をどのように飾り立てるか、どのようにふるまうかは、本人の自由です。化粧もひとつの選択であることは当然でしょう。

もちろん、どこまでが本人の選択なのかというのは難しい問題です。個人の自由な選択とみえる女性の行動が、社会の常識に多分に影響を受けながら、男性中心主義的な構造を再生産する可能性もあるからです。一方で、たとえば「化粧をする女性は男性に媚びている」といった決めつけは、その女性の選択の自由をなかったものにしてしまいます。はたしてそれは、女性の意志を尊重しているといえるでしょうか。

ジェンダーについて考えるとき、「女性は○○をしなくてはならない／してはならない」と強制されるのではなく、したい人はして、したくない人はしなくてもいいと選択できる社会が理想だと思います。ジェンダーについて考えるとは「女／男らしく」ふるまうことにただ反対するということではありません。ジェンダーやセクシュアリティによってどのように行動が制限されているのか、どうしたらそこから自由になれるのかを考えることだと思います。（渡部）

第五章

性暴力について もっと 考えたい！

性暴力は「自分には関係ない」、「話題にしづらい」と避けられがちなトピックです。
友達や家族と真剣に議論したことのある人は少ないかもしれません。
性欲は食欲や睡眠欲とならぶ三大欲求（本能）とされ、
性暴力は仕方のないものと語られてきました。
しかし、「性欲が暴発することで性暴力が発生する」という説や
「性暴力被害は女性の側に落ち度がある」という見方は偏見にすぎません。
この章では、恋人・夫婦・家族関係のみならず、
同性の間や男性にたいしても起こる性暴力について考えてみましょう。

25. 性欲って本能でしょ、そのせいで男性が女性を襲うのも仕方ないよね？

どんな理由であっても、相手の明確な合意なく性行為におよぶことは性暴力であり、仕方ないと正当化することはできません。性欲は本能であり、人間はそれに従うことしかできないのか考えてみましょう。

性欲とは子孫を残すために男性がオスとしてもつ本能であり、この性欲をもとに起こる性行動は制御できない、だから男性が女性に性行為を強要したとしても仕方ない、こうした考えを検討していきましょう。

最初に、性欲は本能であり、人間はそれに従って性行動をすることしかできないのか、という点を考えてみます。自分で自分の性欲を満たす行為と一般に考えられるも

25. 性欲って本能でしょ、そのせいで男性が女性を襲うのも仕方ないよね？

のとして自慰があります。この自慰について、瀬地山角は中国と日本の大学生男女の経験についての調査結果を参照し下の2つの表のようにまとめています。

もし本当に性欲が人間の本能でありコントロールできないものなら、自慰経験率は国を問わず同じような数値を示すはずです。しかし、実際には、男子同士、女子同士で比較しても大きな差があります。ここからは、性欲にもとづく性行動のありかたには社会によって違いがあることが推測できます。わたしたちは、けっして本能のままに性行動をしているのではなく、社会からの影響を受けているのです。

たとえ性欲が本能だとしても、人間の三大欲求として性欲と並べられる食欲・睡眠欲で話をおきかえてみると性暴力を正当化する論理のおかしさがわかるはずです。お腹がすいた、眠くなった、こういう

表1　中国の大学生の自慰経験率　（単位:%）

	1991年	1995年	1997年	2001年
男　子	84.8	81.0	81.2	83.5
女　子	69.7	58.1	54.0	54.7

表2　日本の大学生の自慰経験率　（単位:%）

	1999年	2006年	2011年
男　子	94.2	94.4	91.1
女　子	40.1	45.9	36.2

出典：瀬地山（2017: 233）

欲求がふと出てくることはあると思います。しかし、だからといって、わたしたちは、ところかまわず食事をしたり寝たりはしませんね。今ここで食事をしても／寝ても大丈夫か、それは適切な行動なのか、考えてみてから行動に移すのではないでしょうか。性欲に従うかどうかも、相手や場所、時間などをみて判断してから行動してしかるべきでしょう。

　また、人間の性行為は子孫を残すためだけに行われるものなのでしょうか。たとえば、パートナーとのコミュニケーションや気晴らしなど、性行為には子孫を残す以外の意味があると考えられます。そして、性欲を抱くのは男性のみなのでしょうか。女性だって性欲を抱くこともありますし、そもそも男性にだって性欲を抱かない人はいます。前者にかんしては女性のポルノ消費についての研究などがそれを明らかにしています。

　先ほどの表をみて、「やっぱり男性の方が性欲が強いのでは？」と思った方もいるかもしれません。男性には性欲があり、女性には性欲がないとする考え方を「性の二重基準《ダブル・スタンダード》」といい、これはわたしたちの社会に広く浸透しています。先ほど説明したように、性欲のあらわれ方は社会的な影響を受けるため、もしその社会に「女性が性欲を抱くことは望ましくない」という考えがあるとしたら女性は表立って性欲を表現

25. 性欲って本能でしょ、そのせいで男性が女性を襲うのも仕方ないよね？

することができず、「男性とは性欲が備わっているものだ」という考えがあるとしたら男性はそれに従ってふるまおうとするかもしれません。性行動に男女差がみられたとしたら、このような社会的な影響を受けていると考えられます。

さらに、性欲を抱くことが本当に自然なことなのかどうか、考えてみる必要があります。セクシュアリティの章でもふれたように、アセクシュアルという性欲を抱かない人や、デミセクシュアルやグレーセクシュアルのようにめったに性欲を抱かない人たちもいるのです（↓Q10）。性欲の有無は男性か女性かで一元的に決まるものではなく、性欲は誰もがもっている本能という認識自体が問題を孕んでいるのです。性暴力を、本能のせいで起こるものだから仕方ないと正当化することはけっしてできません。

性欲や性行動は「男らしさ」と強く結びつけられており、このことがしばしば男性を性暴力加害者にしてしまうと指摘されています。たとえば、「女性を支配できることが『男らしさ』の証である」、「女性を性的な快感に導くのは男の役目である」といった観念が男性を性行為に駆り立て、それが性暴力行為となるというように、性暴力が男性の女性にたいする支配として起こっているということです。当事者双方の明確な合意がなければ、たとえ一方が性行為だと思っていても、性的支配の一形態としての性暴力になりうることを忘れてはいけません。

性暴力は男性が本能としてもつ性欲のために起こるという考え方は、わたしたちの社会に蔓延しています。ステップでは、性欲が本能であり人間はそれに従っているだけ、という考え方を再考してきましたが、ここでは男性と性暴力の結びつきをめぐる議論をさらにみていきましょう。

社会学者のジェームズ・W・メッサーシュミットは、R・W・コンネルの男性性理論をふまえながら、犯罪と男性性の関連を考察しています。コンネルの議論では、「男性性」は複数存在し、序列化されているととらえられており、その序列の頂点にある、もっとも理想的とみなされる男性性を「ヘゲモニックな男性性」といいます（Connell [1995] 2005）。メッサーシュミットはこの「ヘゲモニックな男性性」に権力や競争、攻撃性といった潜在的な暴力の可能性があると考えます。そして、経済状態などから「ヘゲモニックな男性性」を達成できないときに、犯罪行為という手段によってでも男性性を達成しようとする場合があるというのです。性暴力はこうした犯罪行為に含まれます（Messerschmidt 1993）。

こうした議論については、「男性性の達成」という説明だけでは、この暴力が性を通じて行われること、それが女性に向けられることの意味を論じることができないとの批判もあります（北仲 2012）。レイプの原因から性的欲望を切り離す言説が「新たなレイプ神話」として構築される危険性をもつこと、性暴力が男性性の達成のためのものであるとすれば、社会的強者としての男性の暴力が説明できないといった指摘もあります（杉田 2003）。このように、性暴力と「男性性」、性欲をめぐる議論はまだ続いています。いずれにせよ、女性を目的（男性性の達成であれ性欲の解消であれ）達成のための道具にして性暴力を行ってよいことにはけっしてならないことは、改めて確認する必要があるでしょう。最後に、こうした性暴力をめぐる議論が、男性を加害者、女性を被害者とするような異性愛やジェンダー・ステレオタイプを前提としていることの問題についても考えてみる必要があるでしょう（↓Q27）。（児玉谷）

参考文献

▼Connell, R.W., [1995] 2005, *Masculinities*, 2nd ed., Berkeley: University of California Press.
▼北仲千里「男性性研究はジェンダーに基づく暴力をどこまで読み解いたか」（杉浦ミドリ・建石真公子・吉田あけみ・來田享子編『身体・性・生――個人の尊重とジェンダー』尚学社、二〇一二年、所収）242-73,
▼Messerschmidt, James W., 1993, *Masculinities and Crime: Critique and Reconceptualization of Theory*, Lanham, Maryland: Rowman & Littlefield.

▼瀬地山角「中国との比較で見るセクシュアリティ――性欲は社会が祖型する」（瀬地山角編『ジェンダーとセクシュアリティで見る東アジア』勁草書房、二〇一七年、所収）226-39.
▼杉田聡『レイプの政治学――レイプ神話と「性=人格原則」』明石書店、二〇〇三年

26.

性暴力って被害にあう側にも落ち度があるんじゃない？

HOP

いかなる犯罪であっても、悪いのは加害者であることは明白であり、被害者に責任はありません。落ち度を主張することが、被害者をさらに傷つけ苦しめることになることを知りましょう。

STEP

落ち度とはいったいなんでしょうか。ここでは、女性の性暴力被害において落ち度とされるものを「被害者が暗い夜道をひとりで歩いていた」、「被害者が誘うような服装をしていた」、「被害者が強く抵抗すれば逃げられたはずだ」の3つにわけて考えてみたいと思います。

まず、たとえ暗い夜道をひとりで歩いていたとしても、それが性行為への「同意」

にならないことは明らかでしょう（↓Q28）。「こんなに暗いのにひとりで歩いているのだから性暴力をふるってもよい」ということにはなりません。たとえ、明るくて人通りのある安全な遠回りの道があったとしても、近道となる暗い道をひとりで通っていたことで、被害者の責任が問われるのは誤りです。

次に、被害者が露出の多い服装をしていたことを性暴力の原因とするような主張については、「性欲は本能だから仕方がない」といった主張と同じく「神話」です（↓Q25、Q29）。被害者がどのような服装をしていようとも、夜道の一人歩き同様、性行為への「同意」にはなりません。

性暴力被害にあったことがない人は「抵抗できたはず」、「大声を出して逃げることもできたはず」と考えるかもしれませんが、実際には恐怖のあまり動くことすらままならないのです。しかし、社会は、十分に抵抗しなかった、大声を出さなかったと、被害者を責めがちで、これは警察や裁判所も例外ではありません。たとえば、警察官が「どうしてもっと抵抗しなかったんだ」と被害者を問い詰めたり、裁判官が「助けを求めていないのが不自然である」として加害者に無罪判決を出したりしているのです。

被害者に落ち度を見出すこのような議論は、性暴力の解決をさらに遅らせることになるでしょう。性暴力被害にあったことを「恥ずかしいこと」であると思わせる風潮

26. 性暴力って被害にあう側にも落ち度があるんじゃない？

が強くあるなかで、被害者に責任を押しつければ、被害を周囲に打ち明けたり警察に相談したりすることはいっそう困難になります。そして、「自分にも悪いところがあったかもしれない」と思わせることで、被害者をよりいっそう苦しめることにもなるのです。性暴力被害にあった後で受けるこの心理的・社会的な被害のことを「セカンド・レイプ」といいます。

また、被害者に落ち度を見出す議論は、加害者の責任をなきものにしがちです。被害者に責任が押しつけられることで自分の責任が帳消しにされるこの議論は加害者にとって好都合なものでしょう。悪気はなくとも、意図せずに加害者に荷担する議論を展開してしまう人は少なくありません。たとえば、「そんなに肌を出した格好をしているると変な人に襲われるよ」という一見親切な言い方も、実は「露出の多い服装をした人は被害にあっても仕方がない、自己責任だ」という被害者落ち度論を間接的に認めていることになるのです。

わたしたちの社会には、「無垢な女性がある日突然、見知らぬ男性によって襲われ、必死に物狂いの抵抗をしたにもかかわらず性暴力被害を受けた」といった場合には被害者に同情しても、少しでも落ち度があるとみなすや、その責任を問う構造が根強く残っています。性暴力が、このような「典型例」に当てはまるものだけではないことに加えて、性暴力がシスジェンダー・異性愛間のみに起こるものではないことにも注意する必要があるでしょう（→Q27）。

被害者に落ち度を見出す議論が性暴力被害を不可視化してしまう例として、田中麻子（2016）を手がかりにセックスワーカーの性暴力被害をみてみましょう。

不特定多数の男性を相手にする性風俗業に従事することが「汚らわしいこと・うしろめたいこと」としてスティグマ化されている状況においては、性暴力被害を告発することに大きな困難がともないます。まず、セックスワーカーが受けとる「対価」が落ち度と認識されることがあるでしょう。性風俗の現場では「金を払えば利用者はなにをしてもよい」という価値観があることが指摘されます。裏を返せば、「セックスワーカーは対価を受けとっているのだから、たとえ性暴力にあったとしても仕方がない」ということになります。加えて性風俗に自ら従事したことが、そこで起きたことすべての責任をセックスワーカー自身に帰す効果をもつとされます。好きでセックスワーカーになったのだから性暴力にあっても自業自得だ、と落ち度を読みこまれてしまうわけです。実際には「貧困の女性化」とも呼ばれる女性の経済的な立場の低さから、生活に困窮した女性が性風俗業に従事するようになることも少なくありませんが、このような場合にも貧乏なのは努力しない本人のせいで、他の仕事につけず性風俗業界に入って性暴力にあっても自業自得、といわれる場合があります。このようにさまざまな形で本人の落ち度が問われることにより、セックスワーカーの性暴力被害はよりいっそう不可視化されてしまっているのです。（前之園）

参考文献

▼田中麻子『不可視の性暴力――性風俗従事者と被害の序列』大月書店、二〇一六年

27.

性暴力の被害者って女性だけだよね？

HOP

女性だけでなく、男性が性暴力の被害者になることもあります。男性の被害には光があたることがなく、しばしば軽んじられてきた歴史があります。性暴力が異性愛・シスジェンダーの男女間のみで起こるものではないことを理解しましょう。

STEP

男性の性暴力被害には光があてられにくい状況があります。日本の法律も、これまで、男性にたいする性暴力を「強姦罪」（3年以上の懲役）ではなく、罪の軽い「強制わいせつ罪」（6月以上10年以下の懲役）として扱ってきました。二〇一七年の刑法第177条の改正が「強姦罪」を「強制性交等罪」とするこ

27. 性暴力の被害者って女性だけだよね？

とで、男性も被害の対象とされ、加害者には5年以上の懲役が科されるようになったばかりです。

男性の被害が軽んじられてきた背景には「性差」と「男らしさ」があります。まず、レイプは男女間でのみ起きるという想定のもとで、男性の性被害や同性間での性暴力は不可視化されてきました。「男性は女性より体力があるのだから、女性が男性をレイプするはずがない」と考える人もいますが、レイプは力にのみ依拠するわけではありません。道具（アルコール・薬剤・束縛など）、年齢や役職などの権力差、「恋人だからセックスして当たり前でしょ」という脅迫（↓Q28）などを用いて性的行為を強要することもあるのです。加えていうと、男性が女性より体力的に強いという考えがあるからこそ、男性が被害を訴えられなくなったり、訴えたとしても逆に女性の方が被害者とみなされることが起きたりもします。

さらに、性行為や性欲に男女の本質的・生物的な違いがあると主張して女性の加害が否定されることもあるでしょう。しかし、「女性の方から男性に性行為をもちかけることはない」という考えは、「性欲は男性のみがもつものである」というジェンダー・バイアスです。また、勃起や射精をもって、男性が性行為を「強いられて」いないと勘違いしている人もいますが、これらは身体接触による生理的反応やストレスからも生じるものであり、性的な興奮や性行為への同意を意味するとは限りません。男性にたいする性暴力は、メディアにおいてユーモアや性的妄想が含まれたものとして紹介されることがあります。その結果、男性が警察や相談窓口に性暴力の被害を報告しても冗談やいたずらとみなされることも少なくありません。また、相談することが「弱音を吐かない」という男らしさに反してしまうのではないかという懸念から、男性はよりいっそう被害を語りづらい状況に追いこまれます。もし相談できたとしても、男性が被害者になることが想定されていない現状では、男性の方が責任を負わされてしまう場合もあります。このように、性暴力被害を告発しづらい状況があることによって、男性の性暴力被害は不可視化されてしまうのです。

ステップでは男女間の性暴力を想定してきましたが、男性が他の男性に性暴力を受けることもあります。こうしたケースでは、被害を受けても泣き寝入りして届け出ないことが多く、認知されない性暴力がたくさんあります。被害を届け出ることで「男らしくない」とみなされるだけでなく、本人の性的指向や意志にかかわらず同性愛者であると思われることを懸念するからです。さらに、周りの理解や支えが得られなかったり、自身を守れなかったことを責められたりすること

もあります。しかし、男性間の性暴力は特定の性的指向によって生じているのではありません。どちらかが同性愛者だから、同性間で性暴力が起きるとは限らないのです。この思いこみがあるため、男性の性暴力被害はしばしば男性に特有の精神的な葛藤につながります。オーストラリアの性暴力研究センターの調査によると、男性被害者の84%が、被害を受けた後に自分の性的指向や性役割、身体に悩むといいます（Australian Centre for the Study of Sexual Assault 2003:15）。

男性にたいする性暴力は、女性にたいする性暴力と同じく、性的欲望を満足させる行為というよりも、相手を支配するための行為であるというのが通説となっています。男性にたいする性暴力が戦時の拷問や刑務所内で多く行われるのも、誰が権力を握っているのかを知らしめるためであると考えられます。

いわゆる「コレクティブ・レイプ」もレイプが性欲によるものではなく、別の「目的」をもって行われることの証左となるでしょう。たとえば、「男の味を知らない」レズビアン女性を「矯正」させようとする、同性愛嫌悪にもとづいた性暴力があります。他にも、ゲイ男性、トランスジェンダー、アセクシュアルの人びとなど、さまざまな性的少数者が「『正しい』性へ導く」などといった目的による性暴力の被害にあっています。

多くの戦争で男性の性暴力被害があったことが確認されており、男性へのレイプが兵器として利用されているといいます（Stemple 2003）。しかし、二〇〇一年の段階で、戦争中の性暴力問題に取り組んでいる４０７６のＮＧＯのうち、男性被害者の経験にふれているのはたったの３％にすぎません（DelZotto and Jones 2002）。人権問題に取り組んでいる組織もまたジェンダー・バイアスを抱えているのです。こうした性暴力問題におけるジェンダー・バイアスを認識し、男性が受ける被害についてもわたしたちはきちんと理解しなければなりません。（ケゼレー）

参考文献

▼Australian Centre for the Study of Sexual Assault, 2003, "Male Survivors of Sexual Assault," *Aware*, 2: 15-8, (https://aifs.gov.au/sites/default/files/publication-documents/acssa_news2.pdf).

▼DelZotto, Augusta, and Adam Jones, 2002, "Male-on-Male Sexual Violence in Wartime: Human Rights' Last Taboo?," Paper presented at the Annual Convention of the International Studies Association, New Orleans, March 23-7, 2002, (http://adamjones.freeservers.com/malerape.htm).

▼Stemple, Lara, 2009, "Male Rape and Human Rights," *Hastings Law Journal*, 60(3): 605-46.

28.

性行為しておいて後から「あれはレイプだった」っておかしくない？

HOP

性行為の前や途中できちんと相手の意思を確認することが重要で、同意のない性的な行為は性暴力になりえます。同意を得る責任は、アクションを起こす側にあります。

STEP

ＮＨＫの「あさイチ」という番組で二〇一七年に性暴力を特集したとき、驚くべき調査結果が示されました。「性行為の同意があった」と思われても仕方がないと思うものを複数選ぶという質問で、回答者の35％が「泥酔している」、25％が「2人きりで車に乗る」、23％が「露出の多い服装」をあげたのです。

これらの行為ははたして性行為の同意を示していると考えるべきものでしょうか。一般社団法人「ちゃぶ台返し女子アクション」の発行する『セクシュアル・コンセント・ハンドブック』にもとづいて「性的同意」という点から考えてみましょう。

「性的同意（sexual consent）」とは、「すべての性的な行為において確認されるべき同意」のことをいいます。性的な行為に参加するさい、お互いの「したい」という積極的な意思表示が必要で、同意のない性的な行為はすべて性暴力になります。

性的同意において大切なことが3つあります。1つめは非強制性、つまり「NO」といえる環境が整っていることです。拒否する意思を示すと身の危険を感じるようなときの「YES」は、同意を示したことにはなりません。YES／NOどちらの選択肢も、きちんと本人の意思で選べることが必要です。2つめは対等性、すなわち社会的地位や力関係に左右されない対等な関係であることです。先輩や上司、教師、コーチなど、優位な立場の人との関係性においては意思表示を行いにくい場合があります。上の立場にある人は、下の立場にある人にたいして十分に配慮することが必要です。3つめは非継続性、つまりひとつの行為への同意が他の行為への同意を意味しないことです。キスをしたからといって性行為に同意するわけではないし、今日は同意したとしても明日も同意するとは限りません。その都度、その行為ひとつひとつに同意が必要です。また、途中で気持ちが変わることも尊重されなければなりません。

28. 性行為しておいて後から「あれはレイプだった」っておかしくない？

日本でこのような性的同意が軽視される背景として、まずは性について話すことへのタブー視があります。周囲の人たちと性についてオープンに話すことは恥ずかしいことで、避けるべきという先入観があり、性暴力の被害を相談しにくい状況がつくられています。また、「イヤよイヤよも好きのうち」という考え方が蔓延しているため、相手が嫌だといっても、行為をする側が勝手に大丈夫だととらえてしまう傾向があります。これは、行為を受ける側の意思の軽視へとつながってしまいます。最後に、性教育が十分でないこと。日本の性教育は、相手の尊重やコミュニケーションについて教えず、これらを学ぶ機会がありません。

これまで性的同意の大切さを述べてきましたが、行為を受ける側がつねにきちんと意思表示できるとは限りません。体格差や上下関係によって拒むことが難しいといった状況も考えられます。だからこそ、お互いに意思を確認しあうことが重要です。「同意のない性行為は性暴力」という認識をベースに、性行為を行うさいに同意を確認しなかった加害者にたいして社会全体が問題意識をもつことは、性暴力についての根本的な解決にもつながります。わたしたちは、加害者側の判断を論じることで、被害者の落ち度を責めることを避けることができ、加害者の責任をきちんと問うことができるようになるのです（↓Q26）。

性的同意にもとづかない性行為、すなわち性暴力は、家族内やカップル間でも起こります。家族であることやカップルであることが性的な行為にたいする同意を示すわけではないからです。家族やカップルという関係は私的なものとされ、そこでの暴力は長いこと不可視化されてきました。「ドメスティック・バイオレンス（DV）」や「デート・レイプ」という言葉が生まれた結果、このような暴力が次第に解決すべき問題とされるようになってきたのです（↓Q29）。親密な関係にあるのだから性行為をするのは当然、性的同意は必要ないということにはならず、どのような間柄であれ、性的同意は必ず尊重されなければなりません。

性的同意の認識が広まる一方で、「自分がいつ性犯罪者と糾弾されるかわからず怖い」という女性の被害告発にたいする男性の恐怖を目にする機会も増えてきました。週刊誌をひらけば「『セクハラ／痴漢／レイプ』のでっちあげであなたも社会的に抹殺される！」といった扇情的な記事を目にすることもあるでしょう。セクハラの捏造や痴漢冤罪、そしてレイプ犯に仕立てあげられることによって、失職し刑務所に送られてしまうという恐怖は一部の男性のあいだに蔓延しています。こうした恐怖を目にした女性が、「男性の人生をめちゃくちゃにしてしまう、わたしが我慢すればそれでよい」と考え、被害の告発を思いとどまるといった事態も発生しています。性暴力の被害にあうことがただでさえ「恥ずかしいもの」とされ、相談しにくい状況にあるなかで、ようやく語れるようになった被害者をまた沈黙させてしまう効果をもつのです。「あの行為は性暴力だった」とその場でいえず、あとになっていえるようになることはよくあることです。わたしたちは、声をあげるという行為を、相手を社会的に抹殺する復讐ととらえるかわりに、それだけの時間を要した被害者に思いをはせたいです。

最後に、「性犯罪者は自分とは一切かかわりのない異常者である」という性暴力加害者の他者化について考えてみましょう。性別・性自認・性的指向にかかわらず、誰もが性暴力の加害者になる可能性があるなかで、こうした他者化は自分の行為が性暴力であるはずがないと、自身の行いを反省的にとらえる機会をなくすことになるでしょう。誰もが性的同意を尊重し、性暴力の加害者にならない努力をする必要があるのです。（前之園）

参考文献

▼ちゃぶ台返し女子アクション『あなたらしく大学生活を送るための方法――セクシュアル・コンセント・ハンドブック』（以下のサイトからダウンロードも可能：https://chabujo.com/download/sexual-consent-handbook-dec-2018/）、二〇一八年

29.

性暴力ってある日突然見知らぬ人からレイプされることだよね？

HOP

性暴力はかならずしも見知らぬ間柄で起こるわけではないし、性行為にのみかかわるわけでもありません。レイプのみならず、ジェンダー・アイデンティティやセクシュアリティを理由として生じる暴力はすべて性暴力ということができます。

STEP

ここまでの復習もかねて、わたしたちの社会にはどのような性暴力神話があるのか、そして、ジェンダー研究のなかでどのような発見がなされてきたのか確認してみましょう。

29. 性暴力って ある日突然見知らぬ人からレイプされることだよね？

●性暴力神話「性暴力は見知らぬ人からある日突然にふるわれる」

性暴力が見知らぬ人から突然にふるわれるものであるというイメージは実態に即していません。実際には被害者と加害者が顔見知りであることが多く、加害者はきわめて計画的に犯行におよんでいるのです。加害者は、被害者の上司であったり先輩であったりといった関係性を利用し、被害者が抵抗したり被害を訴えたりしづらいような状況に追いこんで性暴力をふるいます。また、加害者はしばしば社会的に高い地位についている人物だったり、世間から「立派な人」、「きちんとした人」と評価されているような人物だったりすることがあります。

●性暴力神話「性暴力は性欲によって起こる」

性暴力は加害者が性欲をコントロールできないことで生じるもので、本能なのだから仕方のないことなのだといった理解も広く受け入れられてきました。しかし、性欲は本能で、人間はただそれに従っているだけという考えは反証可能ですし、本能だから仕方ないと性暴力を正当化することはできません（↓Q25）。

●性暴力神話「性暴力の被害者に落ち度があった」

被害にあったとき、夜道をひとりで歩いていた、露出の多い格好をしていた、加害者にたいして抵抗しなかったなど、残念ながら、被害者に責任を求めることがよくみられます。これは加害者の行為を免罪し、性暴力行為で傷ついた被害者をさらに追いつめることになります。どんな性暴力であっても責任は加害者にあるのであって、被害者を糾弾するような誤った理解をすべきではありません（↓Q26）。

●性暴力神話「性暴力は加害者が男性で被害者が女性」

性暴力はしばしばジェンダー・ステレオタイプにもとづいて理解され、「加害者＝男性」、「被害者＝女性」と解されてきました。こうした理解は正確ではなく、シスジェンダー・異性間以外の性暴力を不可視化してしまうことにつながります（↓Q27）。

ステップでは、さまざまな性暴力神話をふりかえりましたが、実は性暴力の定義自体も広範で、レイプだけが性暴力とは限りません。広義の性暴力に含まれるものにはどんなものがあるのかみていきましょう。

まず、性暴力がいかにさまざまな暴力とむすびついているのか確認していきましょ

29. 性暴力って ある日突然見知らぬ人からレイプされることだよね？

う。国連は「暴力」を身体的暴力、経済的暴力、心理的暴力、性暴力の4つに分類しており、この分類において「性暴力」は「セクシュアリティ／ジェンダーを利用した暴力」(UNIFEM et al. 2005; UNSD 2010)として定義されています。しかし、それぞれの暴力を厳密に区別することは難しく、「性暴力」はその他の3つの暴力と結びついてあらわれます。田中麻子は、殴る・蹴る、性器の損傷や生殖機能の損失といった「身体的暴力」、PTSD(心的外傷後ストレス障害)などの精神疾患をもたらす「心理的暴力」、経済的支配・管理といった「経済的暴力」が利用されることもあるため、『性暴力』はあらゆる暴力を含む複雑な概念」だとしています(田中 2016: 18)。

こうしたあらゆる暴力を含む性暴力の例としてDV(ドメスティック・バイオレンス)をとりあげてみましょう。DVは親密な関係のなかで起こる暴力で、ジェンダーやセクシュアリティの非対称性を背景にしている点で「性暴力」ととらえることができます。

DVが日本において大きくとりあげられるきっかけとなったのは、一九九二年に行われたDV調査研究委員会による初のDV実態調査でした。その後、総理府が一九九九年に国レベルで「女性に対する暴力」の実態調査を行い、「夫婦間の暴行」に焦点があてられると、DVは一般に「夫・恋人からの暴力」、「夫・パートナーからの暴力」として理解されるようになります。

「親密な男性からの性暴力」に焦点があてられた背景には、男女間のジェンダー非対称性の問題がありました。被害者の多くは経済的自立の困難、子どもに影響を与える恐れ、子どもと引き離される懸念から、夫・パートナーのもとを離れることができず、暴力を甘受していました。だからこそ、国や自治体などの行政機関は、法律上・事実上の婚姻関係のなかでの暴力に特別な対策を必要としてきたのです。こうした光のあて方は男性被害者（↓Q27）を見落とすことにもつながりかねないものでしたが、二〇〇四年に改正された現行のDV防止法では、DVがより包括的に「配偶者からの暴力」ととらえられるように変わっています。また、「恋人」など婚姻関係以外の暴力が軽視され、排除されるという問題も生じましたが、近年では「デートDV」という概念によって恋人間での暴力を問題化する動きがみられます。

二〇一七年に実施された内閣府男女共同参画局の『男女間における暴力に関する調査報告書』によれば、男女間において、交際相手から「身体的暴行」、「心理的攻撃」、「経済的圧迫」、「性的強要」のいずれかを受けた経験があると答えた人は、女性で21・4%、男性で11・5%でした。また、「何歳のころに被害を受けたか」という質問にたいしてはいずれの暴力形態にかんしても「20歳代にあった」と回答した人の割合がもっとも高く、次いで「10歳代にあった」と回答した人が多くなっています。この調査は被害者が被害を自覚していないケースや、自覚していても被害を届け出られないケースを把握できていないため、実際にはもっと多くの被害があるとされています。

最後に、大学生におけるデートDVについてみていきましょう。大学生のデートDVではしばしば「心理的暴力」が着目されます。寺島瞳ら（2013）の調査によると「見下し」や「嫉妬・束縛」、「ないがしろ・放置」などといった「精神的暴力」*1が被害経験として多くの割合を占め、「デートDVの研究は身体的暴力に重点がおかれがちであるが、実際には精神的暴力のほうが内容は複雑で多岐にわたる」とされています。さらに、そのような状況にあっても別れられない被害者も多く、別れない理由としては「自分にも非がある」とする回答や被害を「たいしたことはない」と軽視する傾向、「好きだから」、「楽しいことが多いから」と現在の相手との関係性を重視する様子がみられるといいます（寺島ほか 2013）。

性暴力とはレイプだけではなく、デートDVのようにわたしたちの身近にあるものです。自分が性暴力の被害者・加害者・傍観者にならないためにできることはなにか考えて行動していきましょう。（児玉谷）

*1　心理的暴力と同義

参考文献

▼田中麻子『不可視の性暴力――性風俗従事者と被害の序列』大月書店、二〇一六年

▼寺島瞳・宇井美代子・宮前淳子・竹澤みどり・松井めぐみ「大学生におけるデートDVの実態の把握――被害者の対処および別れられない理由の検討」（『筑波大学心理学研究』筑波大学人間系心理学域、二〇一三年、所収）45: 113-20.

▼UNIFEM, UNFPA and OSAGI, 2005, *Combating Gender-Based Violence: A Key to Achieving the MDGS*, New York: UNFPA, (https://www.unfpa.org/sites/default/files/pub-pdf/combating_gbv_en.pdf).

▼UNSD, 2010, *The World's Women 2010: Trends and Statistics*, New York: UN Women, (http://www.unwomen.org/en/docs/2010/1/worlds-women-2010).

column.5

ジェンダーを勉強すると
つらくなる？

ジェンダーをめぐるさまざまな問題を学び、視野が広がってくると、解放されることもある一方、かえっていろいろなことに気がついてつらくなることもあります。性別や性的指向のことで、誰かが苦しんでいること、あなたが傷つけられていること、そして、あなたが誰かを傷つけているかもしれないこと。これを書いているわたしも、つらくなってしまってジェンダーを学ぶことから離れてしまった時期がありました。でも、学ぶことに力があることを知ったからこそ戻ってきたのです。

ジェンダーについて学んだあなたは、たとえこの先、自分の性のありかたのために悲しい思いや苦しい思いをしても、自分で自分を傷つけることなく自信をもって立つことができます。自分を縛りつけていたものに気がつき、そこから自分を解放することができます。おかしいのはあなたではなく、あなたを苦しめる社会のありかたなのだと胸をはることができます。そして傷つく誰かの痛みに思いをはせ、その人に「大丈夫、あなたは間違っていない」と自信をもって言葉をかけることができます。そして異なる人のありようを尊重できるようになることで、その人を傷つけないように注意を払い、たとえ傷つけてしまったとしてもすぐその過ちに気づき謝ることができるようになります。

だから、これからも一緒に学んでいきませんか。議論を続けていきませんか。この本の中で提示した回答は唯一絶対の正解というわけではありません。この本をきっかけにしてもっと多くのみなさんにジェンダーについて考えてもらえたら、と思います。たとえ途中で苦しくなったとしても、こうして獲得した力にはたくさんの希望があるのだから。ゆっくり自分のペースで進んで行けばよいのだから。（児玉谷）

◎読書案内

はじめてジェンダーを学ぶ人のために

・江原由美子・山田昌弘『ジェンダーの社会学入門』岩波書店、二〇〇八年
・石田仁『はじめて学ぶLGBT――基礎からトレンドまで』ナツメ社、二〇一九年
・伊藤公雄・樹村みのり・國信潤子『女性学・男性学――ジェンダー論入門 第三版』有斐閣、［二〇〇二年］二〇一九年
・伊藤公雄・牟田和江編『ジェンダーで学ぶ社会学 全訂新版』世界思想社、二〇一五年
・加藤秀一・石田仁・海老原暁子『図解雑学ジェンダー』ナツメ社、二〇〇五年
・加藤秀一『はじめてのジェンダー論』有斐閣、二〇一七年
・木村涼子・伊田久美子・熊安貴美江編『よくわかるジェンダー・スタディーズ――人文社会科学から自然科学まで』ミネルヴァ書房、二〇一三年
・千田有紀・中西裕子・青山薫『ジェンダー論をつかむ』有斐閣、二〇一三年
・上野千鶴子『差異の政治学 新版』岩波書店、［二〇〇二年］二〇一五年

第一章 これってどうなの？ 素朴な疑問

・天野正子・木村涼子編『ジェンダーで学ぶ教育』世界思想社、二〇〇三年

- Fausto-Sterling, Anne, 1985, *Myths of Gender: Biological Theories about Women and Men*, New York: Basic Books.（池上千寿子・根岸悦子訳『ジェンダーの神話――「性差の科学」の偏見とトリック』工作舎、一九九〇年）
- 加藤秀一『性現象論――差異とセクシュアリティの社会学』勁草書房、一九九八年
- 木村涼子『学校文化とジェンダー』勁草書房、一九九九年
- 木村涼子・古久保さくら編『ジェンダーで考える教育の現在《いま》――フェミニズム教育学をめざして』解放出版社、二〇〇八年
- 小山静子『良妻賢母という規範』勁草書房、一九九一年
- 諸橋泰樹『ジェンダーの語られ方、メディアのつくられ方』現代書館、二〇〇二年
- 荻野美穂・田邊玲子・姫岡とし子・千本暁子・長谷川博子・落合恵美子『制度としての〈女〉――性・産・家族の比較社会史』平凡社、一九九〇年
- 荻野美穂編『〈性〉の分割線――近・現代日本のジェンダーと身体』青弓社、二〇〇九年
- Russett, Cynthia Eagle, 1989, *Sexual Science: The Victorian Construction of Womanhood*, Cambridge, Massachusetts: Harvard University Press.（上野直子訳『女性を捏造した男たち――ヴィクトリア時代の性差の科学』工作舎、一九九四年）

第二章　セクシュアル・マイノリティについてもっと知りたい！

- 橋本秀雄『男でも女でもない性 完全版――インターセックス（半陰陽）を生きる』青弓

社、［一九九八年］二〇〇四年
・石田仁編『性同一性障害――ジェンダー・医療・特例法』御茶の水書房、二〇〇八年
・掛札悠子『「レズビアン」である、ということ』河出書房新社、一九九二年
・河口和也『思考のフロンティア クイア・スタディーズ』岩波書店、二〇〇三年
・松原國師『図説 ホモセクシャルの世界史』作品社、二〇一五年
・新ヶ江章友『日本の「ゲイ」とエイズ――コミュニティ・国家・アイデンティティ』青弓社、二〇一三年
・杉浦郁子・野宮亜紀・大江千束編『パートナーシップ・生活と制度――結婚、事実婚、同性婚 増補改訂版』緑風出版、［二〇〇七年］二〇一六年
・砂川秀樹『新宿二丁目の文化人類学――ゲイ・コミュニティから都市をまなざす』太郎次郎社エディタス、二〇一五年
・ヴィンセント、キース・風間孝・河口和也『ゲイ・スタディーズ』青土社、一九九七年
・米沢泉美編『トランスジェンダリズム宣言――性別の自己決定権と多様な性の肯定』社会批評社、二〇〇三年

第三章　フェミニズムって怖いもの？

・天野正子・伊藤公雄・伊藤るり・井上輝子・上野千鶴子・江原由美子・大沢真理・加納美紀代編『新編 日本のフェミニズム』（全一二巻）岩波書店、二〇〇九年
・江原由美子・金井淑子編『ワードマップ フェミニズム』新曜社、一九九七年

• hooks, bell, 1984, *Feminist Theory: From Margin to Center*, Boston: South End Press.（清水久美訳『ブラック・フェミニストの主張――周縁から中心へ』勁草書房、一九九七年）
• 木村涼子編『ジェンダー・フリー・トラブル――バッシング現象を検証する』白澤社、二〇〇五年
• 落合恵美子『21世紀家族へ――家族の戦後体制の見かた・超えかた 第三版』有斐閣、〔一九九四年〕二〇〇四年
• 奥田暁子・秋山洋子・支倉寿子編『概説フェミニズム思想史――明日にむかって学ぶ歴史』ミネルヴァ書房、二〇〇三年
• 千田有紀『日本型近代家族――どこから来てどこへ行くのか』勁草書房、二〇一一年
• 竹村和子編『〝ポスト〟フェミニズム』作品社、二〇〇三年
• 上野千鶴子『ナショナリズムとジェンダー 新版』青土社、〔一九九八年〕二〇一二年
• 若桑みどり・加藤秀一・皆川満寿美・赤石千衣子『「ジェンダー」の危機を超える！――徹底討論！ バックラッシュ』青弓社、二〇〇六年

第四章 めざしているのは逆差別？

• 堀井光俊『女性専用車両の社会学』秀明出版会、二〇〇九年
• 沼崎一郎『キャンパス・セクシュアル・ハラスメント対応ガイド――あなたにできること、あなたがすべきこと 改訂増補版』嵯峨野書院、〔二〇〇一年〕二〇〇五年
• 渋谷知美『日本の童貞』河出書房新社、〔二〇〇三年〕二〇一五年

- 品田知美『家事と家族の日常生活——主婦はなぜ暇にならなかったのか』学文社、二〇〇七年
- 杉浦浩美『働く女性とマタニティ・ハラスメント——「労働する身体」と「産む身体」を生きる』大月書店、二〇〇九年
- 辻村みよ子『ポジティヴ・アクション——「法による平等」の技法』岩波書店、二〇一一年
- 上野千鶴子『女たちのサバイバル作戦』文藝春秋、二〇一三年

第五章　性暴力についてもっと考えたい！

- ちゃぶ台返し女子アクション『あなたらしく大学生活を送るための方法——セクシュアル・コンセント・ハンドブック』二〇一八年（以下のサイトから閲覧も可能：https://chabujo.com/download/sexual-consent-handbook-dec-2018/）.
- 伊藤詩織『Black Box』文藝春秋、二〇一七年
- 小林美佳『性犯罪被害にあうということ』朝日新聞出版、〔二〇〇八年〕二〇一一年
- 牧野雅子『刑事司法とジェンダー』インパクト出版会、二〇一三年
- 宮地尚子『トラウマ』岩波書店、二〇一三年
- 守如子『女はポルノを読む——女性の性欲とフェミニズム』青弓社、二〇一〇年
- 斉藤章佳『男が痴漢になる理由』イースト・プレス、二〇一七年
- 杉田聡『レイプの政治学——レイプ神話と「性＝人格原則」』明石書店、二〇〇三年

- 杉田聡編『逃げられない性犯罪被害者——無謀な最高裁判決』青弓社、二〇一三年
- 田中麻子『不可視の性暴力——性風俗従事者と被害の序列』大月書店、二〇一六年

おわりに

本書は二〇一七・一八年度一橋大学社会学部佐藤文香ゼミナールの課外活動の成果です。

ゼミ生たちは、「ジェンダー研究のゼミに所属している」がゆえに、友人や知人、ときには家族からさまざまな「問い」を投げかけられていました。ゼミのはじまる前や休憩中は、「友達にこんなことを聞かれたけどうまく説明できなかった」、「バイト先でこんな話が出たのにうまく対応できなかった」、「家でゼミで学んだことを話していたらお父さんと険悪になって困ったことになった」といった話に花が咲くことがしばしばでした。その都度「いったいどういえばよかったんだろう」とまじめに思い悩む彼らの姿をみながら、これは膨大なエネルギーの無駄ではなかろうかと思うようになりました。毎年毎年同じような光景が繰り広げられてきたのだろうから、いっそこれまでに問われたクエスチョンを集めて、みんなでグッド・アンサーを考えて、後輩たちに引き継いでいったら？　と提案したのが二〇一七年春のことです。

以来、実際に投げかけられた問いを集めるところから作業を開始し、それらをグルーピングし、各班にわりふって答えを持ち寄り検討するといった作業を積み重ねていくことになりました。初心者から上級者まで読みごたえのある回答集にしたい、という志をもって、「ホップ」、「ステップ」、「ジャンプ」の三段構えの構成に決めました。問いと答えのブラッシュアップを重ね、彼らが「残業」と呼んでいたゼミ終了後のこの課外活動を二〇一八年いっぱいつづけることで、このたびの刊行と相成った次第です。

「そんな考えの人と友達でいてつらくなあい?」、「面従腹背っていうのも生きる知恵だよ」などとまぜっかえしながら、わたしはつくづくと彼らの真剣さにうたれました。自分の性を受けとめられず、深いミソジニー（女嫌い）を内側に抱え、片目をつぶりながら生きていた自身の学生時代のことを苦々しく思い出したことも一度や二度ではありません。彼らにとってこうした経験を共有することそれ自体がエンパワーメントになっていることを知り、期せずしてゼミという場がそのようなものになっていることを誇らしく思うと同時に、あの頃の自分にそうした場があったなら、と羨ましい気持ちにもなりました。

執筆者は二〇一七・一八年度の学部ゼミ生ですが、原稿の完成にあたっては、一橋大学大学院社会学研究科修士課程の山本美里さん、松田英亮さん、博士課程の徳安慧一さん、横山陸さんが、数々の貴重なアドバイスを加え、レポートしか執筆経験のなかった学部生たちの文章の質を高めてくれました。入門書であることに鑑み、引用・参照は「ジャンプ」のみの最低限の数にとどめましたが、勉強中の学生たちが各アンサーを書きあげるにあたっては、いうまでもなく多くの先人の業績に助けられました。そして、明石書店の柴村登治さんには本書の企画から刊行にいたるまで、しっかりと伴走していただき感謝しています。

闘病中の母のいた病室で、彼らの送ってくる文章に赤入れをつづけた日々を今では懐かしく感じます。娘が大学院に進みジェンダー研究をはじめたとき、専業主婦だった母はそれを自分への「あてつけ」と受けとめ傷つきました。それでも晩年、わたしが大学でどのような教育をし、どのような学生を育てているのか、折に触れて訊きたがりました。刊行を待たずして亡くなった母に、柔らかな知性が書きあげたこの本を胸はって贈りたいと思います。本書をきっかけに若い人たちのあいだでジェンダーについてさまざまな議論の輪が広がること、そして執筆者である学生たちが得たのと同じような知恵と勇気を得られるヒントがひとつでも本書に含まれていることを願ってやみません。

ゼミナール指導教員　佐藤文香

執筆者一覧

一橋大学社会学部佐藤文香ゼミ　（＊は執筆代表者）

井戸晴香
上野真梨子
川平朋花
ケゼレー・クレア
＊児玉谷レミ
齋藤和泉
シム・ヒョナ
杉山貴郁
鈴木海渡
鈴木由佳理
照井琢見
田豊瑞
仲遥
永山理穂
パク・ソンジェ
平松廣大
＊前之園和喜
松永ちひろ
村川優希
山本美里
渡部まりな

監修者

佐藤文香（さとう　ふみか）

慶應義塾大学大学院政策・メディア研究科博士課程修了。博士（学術）。一橋大学大学院社会学研究科教授。専門はジェンダーの社会理論・社会学、軍隊・戦争の社会学。主な業績に『軍事組織とジェンダー――自衛隊の女性たち』（慶應義塾大学出版会、2004年）、『ジェンダー研究を継承する』（共編著、人文書院、2017年）、「シリーズ戦争と社会」全5巻（共編著、岩波書店、2021-22年）、『女性兵士という難問――ジェンダーから問う戦争・軍隊の社会学』（慶應義塾大学出版会、2022年）、『男性学基本論文集』（共編著、勁草書房、2024年）など。

ジェンダーについて大学生が真剣に考えてみた
あなたがあなたらしくいられるための29問

二〇一九年六月二二日　初版第一刷発行
二〇二四年四月二〇日　初版第一〇刷発行

監修者　佐藤 文香
著　者　一橋大学社会学部佐藤文香ゼミ生一同
発行者　大江道雅
発行所　株式会社 明石書店
101-0021 東京都千代田区外神田6-9-5
電　話　03-5818-1171
FAX　03-5818-1174
振　替　00100-7-24505
https://www.akashi.co.jp/

印刷・製本　モリモト印刷株式会社
本文フォーマット　北尾崇（HON DESIGN）

ISBN: 978-4-7503-4852-0
（定価はカバーに表示してあります）